Idea man

Ideaman

開成→東大文I→弁護士が教える超独学術
結局、ひとりで勉強する人が合格する

比上補習班更有效率的
自學讀書法

腦科學實證，
司法特考一次過關菁英的自學自習讀書術

資格square代表・律師
鬼頭政人——著　　簡琪婷——譯

前言

各種考試都能加以活用的自學力

即便是世上公認錄取率超低的考試，有些人還是能輕鬆過關，有些人則努力了數年卻依然落榜。

這樣的落差究竟從何而來？原因在於金榜題名的人，各個天資聰穎嗎？

如果各位有這樣的想法，那真是大錯特錯。上榜者與落榜者的差異，僅在於是否知道讀書的捷徑為何，如此而已。

以我自身為例，我一路過關斬將地擠進**開成中學（東京大學考取人數長年稱霸日本的國高中直升男校）、東京大學、司法特考等一般公認的窄門。**之所以能夠關關難過關關過，也是因為充分活用讀書捷徑使然。

此外，我目前的工作是經營證照考試因應對策的網站與補習班，經過累積、分析大量學生數據的結果，證實可稱為捷徑的讀書法，的確是正確的讀書法，連腦科學都能佐證。

這種讀書法，任何人都能運用自如。就如同數學方程式一般，只要按表操課，便能以最有效率的方式成功獲得錄取。不只是大學入學考而已，舉凡證照考試或取得ＭＢＡ（企管碩士）學位等，各種考試都能加以活用。

甚至可以說，就算不是考試，**只要是目標已定的事物，一律都適用**。

我們即使出了社會，也無法與念書絕緣，依然得日復一日地持續學習。

如果念書與學習都能有效率，無論目標為何，相信你一定也都能達成的！

本書將詳細說明這種讀書法。不過所謂念書，原則上屬於自學自習。如何既有效率、又能持續地落實自學自習呢？這就是「自學力」。雖然感覺十分理所當然，但能夠實踐的人，卻少之又少。

有些人為了考取證照，**而到補習班上課**，然而光靠補習，其實沒什麼意義。關於個中原因，本書也將一併說明。

如果你實踐了本書的內容，成為「金榜題名者」的一份子，身為作者的我也會感到無比欣慰。

鬼頭政人

第1章
念書的本質在於自學自習

第2章 想考一百分的人無法金榜題名!?

第 3 章

教科書和參考書徹底活用學習術

第 4 章 補習班中沒效率、徒勞無功的情形太多

第 5 章

讓幹勁持久的釋出式讀書法

第6章

為了能得心應手地持續自學自習的七條守則

第1章

念書的本質在於自學自習

沒時間的時候，請採用「猜題」策略

打從就讀中學起，我便一直思考「如何念書才有效率」。導致我變成如此的最大原因，就是開成中學的就學。我的同學全是些聰明到令人難以置信的人，和他們相比，我絕對稱不上優秀，於是我只好拚命思考該怎麼做才能脫穎而出。

由於我念書消化的速度較慢，就算採用同於他們的方法，並且花同樣時間念書，也根本毫無勝算。如此一來，我只能設法讓自己的讀書效率優於他們。

一般的想法或許是「花他們的雙倍力氣來念書求勝」，不過我卻沒這麼想。因為我十分貪玩，所以我很認真地思考**該怎麼做，才能花最短的念書時間，讓自己考試及格**。此外，我還發現即使花一樣的時間念書，只要效率加倍就能致勝，這也算是我為了求生存而找到的方法。

結果，我絞盡腦汁想出的方法，就是「猜題」技巧。單靠這種技巧，從定期測驗，到大學入學考和司法特考等，我全都順利過關。

一般對「猜題」的印象，就如同押寶賭博，屬於「旁門左道」。但針對考試進行「猜題」，則是為了有效率地活用時間，因此我認為這正是讀書的「捷徑」。

有興趣詳細了解「猜題」的人，不妨參考本人拙著《聰明的程度取決於「猜題技巧」（暫譯）》（頭のよさとは「ヤマを張る技術」のことである，KADOKAWA／中經出版），先了解「猜題」的本質。

這種方法，完全就是讓自己「以出題者的立場進行思考」。從名為考古題的終點，解讀、反推出題者的心思，藉此釐清必讀和免讀的部分。

所有的應考，都是為了讓自己站上某個起點，就算通過考試，仍得繼續用功念書，不可就此鬆懈。

既然如此，**盡快通過考試，早點站上起點極為重要**。我之所以自立門戶，投入證照考試因應對策的事業，也是因為希望協助考生盡早通過考試，站上各自的起點。尤其是社會人士，這種方法十分受用。

出社會後，終於不用再拚命念書的期間其實相當短暫，無論是二十多歲、三十多歲，甚至到了四十多歲，依然得持續念書。錄取分數明確的證照考試和英文檢定考自然不在話下，其他如**公司內部的晉升考試**、**為求磨練實務能力等**，各種狀況都有念書的必要。

社會人士和學生的念書，有個決定性的差異，就是能用來念書的「時間」。正因為如此，得以派上用場的策略並非向來的標準做法「埋頭苦讀」，而是「猜題」。

如何分辨不該做的事

以我個人為例，我出社會的頭一年，也曾因所處環境與求學期間的落差甚大而大吃一驚。那是我剛到律師事務所當菜鳥律師時所發生的事。執行業務的過程中，我經常遇到必須具備會計知識的狀況，每當這種時候，總因自己無法充分理解而懊惱不已。

基於此故，**為了讓自己具備得以活用於工作上的會計知識，我決定報考簿記一級檢定考試**（由日本商工會議所及各地商工會議所主辦的簿記檢定分級考試）。

然而，一旦接觸會計後，卻發現困難重重。和簿記二級相比，簿記一級的難度大幅提升，出題範圍極為廣泛。

此外，擔任律師的頭一年純粹是菜鳥，不僅處理業務相當費時，書面文件的品質也不夠好，為了本業的律師工作，每天得埋頭苦幹到深夜，而我根本沒有充分的時間念書。

在工作壓力龐大和時間極度缺乏的狀況下，我決定一股腦兒地練習考古題，並且反覆複習薄薄的教科書。此外，我還去觀察考古題的循環邏輯，凡是這次可能不會出題的範圍，我就不花時間準備；相對於此，我猜測考題應會涉及退休金給付、衍生性金融產品會計等，當時相當熱門的領域，花了不少時間準備這些部分。

我利用搭車、洗澡、午餐等空檔時間猛讀，晚上則到家庭餐廳，拿出計算機和參考書練習演算。就這樣，我這隻菜鳥的黑眼圈愈來愈嚴重，經過連續數個月的準備，最後終於正式上場應考。

結果如何呢？

簿記一級的滿分為一百分，必須高於七十分才過關，結果我考了七十一分，簡直就像滑壘成功。在沒有時間的狀況下，可說是驚險獲勝。或許各位認為我的運氣未免太好了。不過，其實我**原本就是以低空飛過為目標來準備**，因此就某種意義而言，這全是意料中的結果。

不只是我而已，社會人士的狀況也大同小異吧。扣除用於工作、交際、家人的時間外，**能花在念書的時間簡直少之又少**。如此看來，猜題式的讀書法的確有其必要。

如前文所述，採用「猜題式」讀書法的時候，「以出題者的立場進行思考」十分重要，如果能做到這點，為了應考的讀書量將能捨去八成。雖然念書往往被強調該做些什麼，不過「分辨不該做的事」，才是更重要的事。

本書將以我悉心建立起來的「猜題式」讀書法為基礎，傳授各位以自學方式展現最大成果的方法。

準備司法特考的念書時間有九成為自習時間

為了靠念書展現成果，一般認為得花費一定程度的時數。以司法特考為例，若要通過考試，據說必須花費五千到八千小時，有時甚至得花上一萬小時。然而，各家補習班提供的司法特考課程時數頂多一千小時左右，少一點的話，甚至只有四百小時左右。

這該如何是好呢？由於大約九成的念書時間變成得自學自習，因此為了有效率地通過考試，**自學自習的時間能壓縮到多短，將是關鍵所在**。

我所經營的證照考試線上學習網站「資格square」，起初也是以時數較少的課程為「賣點」。不過這並非本質所在，如此不過是把一千小時的課程減半為五百小時罷了，大家不覺得是這樣嗎？

既然如此，還不如壓縮自學自習的時間，效率反而更好。假設成功將九千小時減半，就等於縮短了四千五百小時，為了達成目標的捷徑＝為了站上起點的捷徑，也就此形成。

仔細想想，其實這個方法，就是我過去應付學校考試或證照考試所採用的做法。雖然我一路下來曾考過中學、大學、法學院等入學考及司法特考，不過我非常排斥上補習班，**畢竟聽補教老師講課兩三小時，效率實在太差了。**

即使去聽課，也只記得一成左右

聽課後，立刻有一股念書的衝動。不過，消化吸收的狀況其實很差。據說就算上了三小時的課，光靠聽就能記住的內容不過一成，即使邊聽課邊做筆記，也頂多記得三成。

順帶一提，**如果不是光聽老師講課，而是自己也積極地一邊念出聲一邊學習**，將能記住五成左右。換句話說，邊聽邊覆誦的話，消化吸收的狀況會更好。這個比例，也與我自己的切身經驗完全吻合。

去補習班上課，必須花費往返時間。除此之外，如果上了三小時的課，卻只吸收了三成，時間效益未免太差了。基於此故，我本身幾乎不上補習班。畢竟我已經考過模擬考和實力測驗，雖然考後也有安排講解課程，但我連這種課都沒去上。

我堅信自己採用的方法十分正確，因此一直沿用至今。由於實際上也確實出現成果，因此可謂正確無虞吧。只不過一旦採用自學自習，難免遇到靠自己無法理解的部分。這種時候，**只要針對這個部分接受補習，或是向某人求教**，將可得到最佳的讀書效率。

說得極端一些，除此之外的補習根本不需要。如果看講義就能懂，那麼看講義反而效率更好。相較於聽，用看的絕對比較快。

最近，也能買到朗讀書本內容的有聲書。不過，用聽的真的很花時間。一般的商業書籍得花四、五小時吧？如果用讀的，應該兩個小時左右就能理解內容。

光聽一本商業書籍的內容得花三小時左右，實在太浪費時間了。這三個小時陸續累積的話，最後會變成如何？我想無論時間過了多久，都無法達成目標吧。

「先聽老師講課」的方式毫無成果可言

向來的讀書法，似乎是先聽老師講課，然後再自己讀。不過，要是因此沒有出現成果，也是理所當然之事。

若問為何變成這樣的讀書法，那是因為學校教育就是採用「先講課」的方式。其實更該歸咎的是，學校的教法並非**先預習再聽課**。如果能改為只針對預習不懂的部分，安排聽老師講課，效率就會不錯。但實際的狀況卻不是如此。

通常老師會告訴學生：「先聽我講課，我會邊看教科書邊上課。」上完課後則說：「在家裡把作業寫好再帶過來。」針對家庭作業，老師或許會打分數，但他們給學生的回應，也頂多如此而已。

這種教育方式，也被補習班拿來沿用。如此一來，學生以為這就是正確的讀書法，無法自拔，**連應付考試，也把學校那套方法當成標準來做準備**。

我一直覺得：「這種方法肯定不對！」由於相當浪費時間，因此我總是心想：「只要教我不懂的部分就好。」我認為這才是最有效率的讀書。

光靠自己無法持續，所以加入私人健身中心

實踐自學自習時，備妥可向他人請教不懂之處的環境，**就是能以最短路徑達到終點的方法**。不過這時還有一個問題，那就是持續性。就算得知效率一流的實踐方法，要是無法持續，也派不上用場。

這就是自學自習最大的缺點。要做到嚴以律己，其實相當困難，我們往往會找各種理由來偷懶。能堅忍持續到什麼程度，將是最大的關鍵所在。

這種狀況和減肥十分類似。想必你也曾看過RIZAP私人健身中心的電視廣告吧？原本鮪魚肚的身材，變成肌肉緊實且曲線玲瓏，這種減肥前後的對比，實在很令人震撼。

然而，RIZAP私人健身中心並沒有做什麼特別的事。其實，他們僅要求學員力行飲食控制、肌力訓練，然後向教練報告。由於只是不斷反覆單純的過程，說得極端一點，就算獨自進行也絕對辦得到。

不過，不惜花費數十萬日圓到RIZAP私人健身中心報到的人，卻大有人在，究竟原因為何？這是因為他們內心十分明白，光靠自己無法持續。這樣的心態，你是否感到有些熟悉？

凡是能自我約束的人，例如肌力訓練狂熱者，便不會去這種地方。大部分的人都自知生活懶散，**而且非瘦下來不可，但卻無法持續減肥**。如果情況是健檢報告指數出現異常，再不處理恐怕小命不保，那麼積極度或許有差，不過沒走到這步就無法認真起來的人，還是占了大多數。

念書也是同樣的道理。一旦長大成人，便不需要刻意念書。報考大學時，不管有沒有念書，考試的那天一樣會到來。因為無法迴避，所以內心的危機意識，將成為督促我們持續念書的推手。

然而，長大以後，就算沒有通過證照考試，也不會讓生活頓時陷入困境，因此往往隨便編個理由就輕言放棄。例如，工作很忙、假日也得參加公司活動等，無論要幾個理由都能想到。

基於此故，為了展現念書的成果，**「效率」與「持續性」可謂兩大關鍵重點**。

為什麼沒人和考生分享金榜題名的訣竅

其實自學自習的方法也有問題，以錯誤的方法念書的人並不算少。比方說做筆記時，有些人宛如抄寫經文般地抄寫教科書，這樣的做法一點意義也沒有。

之所以做筆記，全是為了整理重點，**如果只是依樣畫葫蘆地直接照抄，根本沒有整理到重點**。有關正確的筆記寫法，將會在本書第六章詳細說明，敬請參考。

練習答題的時候也是同樣的道理。有些人會把題目解答或解說抄寫在筆記本上，此舉也是毫無意義。基於此故，就算不斷持續念書，要是方法錯誤，也看不到成果。

針對「效率」和「持續性」兩大重點，若問缺乏哪一樣的人比較多，顯然後者有問題的人多出許多，不過只要欠缺其中一樣，就難以展現成果。

截至目前為止，從來沒人提出有效率地展現成果的方法，有其原因所在。無論是大學入學考或司法特考，**凡是通過高難度考試的人，應該都是兼具效率和持續性的人。**

不過，由於這些特質如同運動神經一般，屬於與生俱來，因此也不曾與他人共有。

如果是經由努力才得到的經驗，或許會湧現一股渴望傳授他人的衝動，不過因為他們是在無意中全部搞定，所以也從未思考過「為什麼效率不錯？」、「為什麼能堅持到底，沒有半途而廢？」。換句話說，他們自始自終的表現就是個「聰明人」。

雖然補習班的老師有時會主觀地評論「像這樣的人肯定能上榜」，不過卻沒人能以合理的數據，說明實際上應該怎麼念書才好。

結果就是，**金榜題名的訣竅，完全沒人分享出來**。其實我自己也是一樣，如果沒有從事目前這份工作，我應該不會產生渴望傳授經驗的心情吧。

自從投入證照考試相關的事業後，我才驚覺這個沒人發現的事實，並且認為如果能把訣竅加以數據化，對考生而言，應該極有參考價值。

針對以最短的路徑追求上榜的讀書法，要是能用數據說明，對考生來說，沒有比這更棒的指引了。

為了金榜題名而讀，不同於為了追求知識涵養而讀

基本而言，以金榜題名為目標來準備考試相當無趣。如果是為了追求知識涵養而讀，由於可從中獲得自己深感興趣的知識，因此能學以致用，而且也無須熟背年表。

相對於此，為了考試而讀則有既定的範圍，並得一再反覆複習，力求徹底熟記。讀第一次時還沒什麼感覺，但從第二次開始，便感到乏味至極。畢竟是反覆重讀一模一樣的內容，世上沒有比此更無聊的事了。

不過，為了考試而讀時，必須把**理解七成左右的內容，變成百分百融會**

貫通的狀態，這樣的念書過程絕不可能令人覺得有趣。就這層意義來說，所謂的持續性便得仰賴毅力，因此凡是曾參加棒球社練習揮棒的人、馬拉松的飛毛腿、曾參與體育類社團的人等等，往往比較容易堅持到底。

運動也好，從事任何事項也好，持續進行培養毅力的訓練，可謂意義非凡。話雖如此，要是為了通過考試，而從現在開始練習揮棒，這樣反而會讓效率變差。

如果目標是通過考試，其實無須單靠自己的力量堅持苦撐，有時靠他人的協助就能持續。RIZAP私人健身中心正是典型的例子。因為有教練**無微不至的協助，所以才能持續下去**。

不該去課程時數偏多的補習班上課

證照補習班充滿矛盾，除了前述授課方式的矛盾外，費用也有問題。所謂補習費，原則是根據課程單價來計算，也就是以「每小時多少錢」的概念設計課程。

換句話說，補習費的結構就是課程時數愈多，就能收到愈多錢。假設每小時費用為一千日圓，要是課程時數共一百小時，補習班便有十萬日圓的進帳，但如果為十小時的話，便只有一萬日圓。就學生而言，**如果費用相同，時數較多的課程，感覺較為超值**。

在這個計費邏輯中，讀書效率完全沒被列入考慮，補習班只在乎如何達到最大的獲利。雖然他們無法將一百小時就能結束的課程，刻意規劃成五百小時，但畢竟補習班的營運目標就是創造最高的收入，因此根本沒有顧及效率的打算。

某家知名的司法特考補習班，以課程時數最多著稱。不過，其他同業競爭的補習班中，卻出現大量補習時數更短的上榜者，因此這家知名的補習班似乎也開始檢討「是否稍微減少課程時數為宜」。

然而，這並非易事，因為如此一來，補習班的收入將會減少。如同司法特考補習班這類市場規模固定的行業，要是降低單價，營業額將隨之下滑。

基於此故，這家補習班依然維持原來的課程時數，而且滿腦子只想著如何開發更多的客源。我認為他們本該**致力於如何讓學生金榜題名**，結果這件事卻變成次要的考慮。

COLUMN

出社會後，就不用再念書了嗎？

如果你對於出社會後是否仍得念書感到疑惑，**那麼你可能缺乏工作本身就是學習的心態**，並把重點全放在工作的「處理」上。

這時的我，已經能預見十年後的你。我敢斷言你將每天在居酒屋大發牢騷：「我明明做得很拚，那傢伙卻不當一回事！」、「要不是我的頂頭上司是那個人，我肯定能有更多表現！」，而且還自暴自棄地說：「誰說只要付出努力，大家都能當董事。」到處拖累他人。

稍微換個話題，究竟何為「社會人士的目標」呢？比如步步高升成為公司高層、深受每位部屬愛戴、成為一流業務員等，每個人的願望應該各不相同吧。

此外，社會人士和學生最大的不同，就在於「是否不念書也無妨」。就學生而言，由於多多少少得應付考試或定期測驗，因此處境為「不能不念書」。

「差強人意」就滿意了嗎？

相對於學生，社會人士的處境則可謂「不念書也無妨」。雖然**任何人都得學習如何處理最低階的工作**，而且低階的程度也隨工作各異。但反言之，如果已經完成這個部分的工作，那麼「不念書也無妨」。或許更正確的說法，應該改為就算不念書，也不會被任何人指責任何事。

基於此故，出社會後，不少人都突然不再念書為不爭的事實。凡是多少懂得要領的人，只要確實完成他人交辦的工作，就算沒付出太多努力，應該也能做到「差強人意」的成果，得到「差強人意」的評價吧。

然而，如果追求的目標為「在某個領域中，成為一流、頂尖的人物」，絕不可能沒念書便能達標。

想當年，我是在律師事務所成為社會新鮮人。所謂律師，就是法律專家，但只要法律隨時在變，便會出現新的判例。基於此故，持續不斷的學習為不可或缺的工作，任何人都得因應需要孜孜學習。

令人不可思議的是，愈頂尖的律師，念的書愈多。除了參加講座外，**他們還會充分運用與其他業界一流人才進行交流或研討的機會，全力提升自身的技能。**無論是資歷二十年、三十年的運動選手，還是一流的律師，絕對不會怠忽學習，他們甚至比任何人都更熱衷學習新的事物。

那麼，致力學習有何回報呢？最重要的就是「可讓經驗值極大化」。

有句意義與此相近的名言：「笨蛋只會從自己的錯誤吸取教訓，聰明的人則從別人的經驗中獲益。」（德意志帝國首任宰相俾斯麥名言）簡言之，就是休想只憑自己的經驗學到一切。經驗值因人而異，多少不一，因此本來就該留意讓自己多累積一些經驗。

只不過，就算工作再帶勁，也不可能「讓自己」親身體驗他人的十倍經驗。每個人的一天都是二十四小時，十分公平且無法改變。

然而，透過學習，將能使這些經驗值極大化。有些時候或許可從過往成功者的經驗談中得到參考，又有些時候或許能根據有系統的理論，順利地把自己經歷的狀況加以定位。

換句話說，就是能**借用他人經驗、想法做模擬體驗**，藉此加快根據自身經驗進行學習的速度。

為了讓大家容易理解，在此舉個簡單的例子。假設在會計工作上得到「現金支出記在貸方，對方費用記在借方」的經驗，並加以熟記。不過要是遇到極端一點的狀況，例如「票據支出」、「債權支出」等，光靠這個經驗將無法參考應用，必須全部另外學習。

務必認清自己是個「沒有用」的人

不過，只要學會複式簿記的概念，就能從抽象一點的層級，稍微理解「資產減少，成為費用時，原本記在借方的該筆資產改記在貸方，借方則記入費用項目」。一旦理解，就算支出方式不是現金，而是票據、債權等，也能加以應用，區分會計科目進行記帳。

像這樣研讀藏在背後的理論並加以理解，便能培養吸取經驗的「應用力」，**讓經驗值極大化，進而加快學習速度。**

由此可見，出社會之後，無庸置疑還是得繼續念書。不過我們對念書的必要性產生深刻體認，往往是自覺能力不足、不夠成熟之時。換句話說，直到這種時候，我們才終於明白念書的必要。

為了深切體認自己的能力不足、不夠成熟，只能讓自己全心全力投入工作。「我只是還沒拿出真本事罷了。」這種宛如電影台詞般的話可千萬不能脫口而出。請先全心全力投入工作，同時認清自己多麼「沒有用」。至於念書，就算之後再展開也完全不遲。

等到實際開始念書後，應該會覺得自己**從工作中學到的事物變多了，而且學習工作的速度也變快了。**

第2章

想考一百分的人無法金榜題名!?

補習班的上榜人數是捏造出來的

稍微換個話題，其實補習班公布的上榜人數幾乎不值得參考，全是捏造的數據。舉例而言，有家以司法特考錄取率超高而頗負盛名的補習班，針對東京大學和京都大學的學生提供補習費七折等，相當優惠的折扣方案。

而且，只要司法特考預試過關，順利取得司法特考報考資格的話，則補習費全免，不過附帶條件是「必須寫出錄取經驗談」、「不能提到別家補習班」。畢竟**這群人全都錄取有望**，因此上榜者居多也是理所當然之事。

報考司法特考有兩個條件，考生必須符合其中任何一個條件——一個是必須法律研究所畢業，另一個則是必須通過司法特考預試（在日本通稱為預備考試）。

如果打算等法律研究所畢業再考，至少要等到二十四歲，因此優秀的學生通常都會參加預試，甚至有人二十歲左右就通過預試，如此一來，他們便可於二十一歲報考司法特考。

觀察過去的錄取率，凡是就讀大學期間便通過預試的人，隔年通過司法特考的比例高達九成以上。換句話說，只要是預試過關的人，幾乎也能通過司法特考。

由於補習班就是以補習費全免的誘因號召這些人，然後把他們當成補習班的上榜者來打廣告，因此課程內容是好是壞，根本不是問題。凡是上榜者相當多的補習班，他們充其量不過是善於招攬優秀的人才罷了。

我自己報考司法特考時，也曾以為如果到那家補習班上課的話，應該就能通過考試，於是確認了該補習班的課程內容。不過，**我卻一點也不認為光靠補習就能順利上榜。**

就算到證照補習班上課，最後依然放棄補習的人占八成

所謂證照補習班也有個問題，就是半途而廢的人相當多。舉例而言，**雖然代書的課程人氣很夯，但據說一個月後，班上的人數往往少掉一半。**

就補習班來說，學生是否跟上授課進度，根本不是問題。每堂課得上到哪裡，都是事先規劃好的，補習班的老師也不在意學生究竟理解了多少。

補習班的授課和大學一樣，第一堂課上這個部分，第二堂課上那個部分，完全是根據既定的課程進行。就算有學生沒來上課，後續也不會補課。

結果，堅持到最後的學生，據說大約兩成。換言之，全體的八成都沒有

再來上課。

一旦詢問學生為何不再去補習，有一半的人回答：「漸漸聽不懂內容，結果就懶得去了。」由於下班後再去補習的人很多，因此只要為了加班等因素缺課一次，就會聽不懂授課的內容，想必這樣的人應該不少。

如果是大學升學補習班，只要沒去上課，就會被父母叨念，但社會人士報考證照考試，並不會有人碎念。於是，自己便提出種種無法去補習的理由，設法說服自己，最後就變成不再去補習了。

像這樣**半途而廢的人稱之為潛在考生**，難度愈高的考試，這種考生的人數愈多。

前述的司法特考預試報考人數，每年只受理一萬多人，但曾經立志報考的人，卻是數倍之多。代書和其他證照考試的狀況也是一樣，潛在考生的人數相當多，這些人都有付錢給補習班。

舉例而言，也會打電視廣告的函授教育機構有開辦代書課程，據說每年上課人數計兩萬人，然而竟有七成的人最後沒去報考。雖然一時衝動就付了六萬日圓以上的補習費，但拿到講義後卻發現「看不懂」，結果就此放棄，這樣實在是太浪費了。

雖然一開始幹勁十足，躍躍欲試地報名上課，**但才接觸一下就說搞不懂**，然後因此放棄，這就是證照補習班的真實現狀。

認真聽課不代表就能金榜題名

如前文所述，就算堅持補習到最後，對於授課內容的理解程度也不過一成，好一點頂多三成。這段期間如果落實自學自習，學習成效將會更好，只是光靠補習的話，理解程度還是很低。

不過，世上**誤認為只要去補習，便能金榜題名的人**非常多。換句話說，沒察覺光靠補習根本沒用的人竟然不少。這簡直就像一心認為只要每星期上一次健身房，就能變成肌肉男一般。

畢竟，補習班的授課方式還是老樣子，在這種狀況下，為了能有效率地學習，必須下點工夫。如果把大學升學補習班和證照補習班分開來看，不要混為一談，其實大學升學補習班還算稍有長進。

回顧過往，在大學入學考的領域中，曾有過代代木補習班、河合塾、駿台補習班三強鼎立的時期。

那段期間，都會區的大教室裡總是聚集著一兩百名前來補習的學生，當時大家都認為「到現場聽補教名師講課比較好」。不過，東進升學補習班（位於日本東京的大學升學補習班）隨後竄起，並且提出全新的觀點：「影片教學的效率較佳。」

真正價值並非補教名師，而是監視體系

起初，東進升學補習班把**透過網路視訊，讓學生在家也能聽補教名師授課**的教學方式當成賣點，然而效果卻不如預期。其實這是必然的。如果能在家裡隨時想聽課就聽課，任誰都會偷懶。除非是相當自律的人，否則不會出現成果。結果，似乎不少學生最後都放棄了這種補習方式。

針對於此，東進升學補習班如何因應呢？他們改變做法，讓學生到各分支機構觀看教學影片上課。雖然包含林修老師（東進升學補習班國文專任講師）在內的補教名師課程，也經常成為電視等媒體的討論話題，但東進升學補習班本質性的價值並不在此。

學生去分支機構觀看教學影片時，兼差打工的大學生就待在一旁，他們會問候學生：「最近好嗎？」有時他們也會嚴厲地指責沒來上課的學生：「不能偷懶啦！」這簡直和體育類的社團活動一樣。其實透過這種方式，將能維持學生的動力。

為了觀看教學影片而特地跑去分支機構，乍看相當沒效率，不過因為採用後方有人員監視的體系，使得這種教學方式順利發揮功效。以網路世界的語言來說，這正是大學升學補習班從一．〇進化到二．〇的瞬間。

其實，目前更有進化到三．〇的趨勢。目前全國分支機構已將近一百家的武田塾把「完全不授課」當成最大特色，大力宣傳。觀察東進升學補習班的例子，也能發現補教名師的課程並非關鍵所在，由兼差打工的學生建立的監視體系，才是展現成果的原因。

只要有適合自己的參考書，便能金榜題名

由於大學入學考的試題範圍變得很廣，因此內容相當多元。此外，十分淺顯易懂的講義也大量出版問世。基於此故，就算沒上補教名師的課，只要購買適合自己的參考書來學習，就能展現成果。

只取東進升學補習班的監視體系，以此經營事業的補習班，就是前述的武田塾。他們標榜自己屬於管理型補習班，甚至宣稱團體授課根本沒用，唯有自學自習，**才是達成目標的捷徑**。

進化至如此程度的是大學升學補習班。相對於此，證照補習班則沒有半

點長進，依然停留在一．〇的階段，即使是分支機構遍布全國的大型補習班，也一樣如此。這些補習班往往於都會區搭建規模龐大的教學大樓吸引學生，並由補教老師於現場開班授課。雖然也備有教學影帶，預定提供給無法來現場聽課的人，不過原則還是以現場授課為主。

證照補習班無法如同大學升學補習班一般地進化，教學內容不足也是原因之一。此外，參考書等的豐富程度，也不如大學入學考類。舉例而言，有關會計師和稅務士的參考書，市面上幾乎沒人在賣，而且號稱基本教材的講義，也只有大型證照補習班編訂的版本。

或許他們心裡有數，要是讓這些教材出版上市，恐怕自學自習的人會變多，相對上補習班的人就會變少。

不過，證照補習班早晚都得如大學升學補習班一般，進化成二．〇、三．

○吧。畢竟大學升學補習班的教學方式，才是真正能展現成果的學習法。

念書的時候，有些人會立志考一百分。有些考試，拿到一百分的確有所意義，不過如果目標為通過考試的話，則無須考一百分，只要低空飛過合格標準就行了。

「拿到合格成績的讀書法」和「立志考一百分的讀書法」，兩者有一百八十度的不同。為了全力落實拿到合格成績的讀書法，必須反問自己「這是非念不可的部分嗎？」、「這是目前該念的部分嗎？」**以這兩個著眼點思考念書的內容**。

念書的時候，請先思考所念的部分為must（非念不可），還是nice to have（念了比較好）？無論是工作，還是學習，這點都是非常重要的原則，不過大部分的人都沒有這麼做。

臨考前切勿四處搜括參考書

舉例而言，考慮聚餐或會議的邀約名單時，有些人屬於「非邀不可」的must成員，有些人則令人猶豫「哎……也得邀這個人嗎？」，屬於nice to have成員。後者的話，邀不邀都沒太大差異。

準備考試也是一樣。如果某本參考書讓你猶豫「哎……也得念這本嗎？」那麼絕對不能採用。尤其是考期迫近時，請務必**集中火力於「非念不可」的基礎型參考書**。

其實選舉也能套用相同理論。當投票日迫近時，候選人會放棄選區內的街頭政見發表或與選民握手等基本動作，跑到偏遠的地區進行視察嗎？

畢竟馬上就要正式投票了，候選人多半會重視基本動作，到街頭聲嘶力竭地高喊，甚至和選民握手握到得塗護手霜吧？

曾以第一名成績自東京大學畢業，目前擔任律師，活躍於各界的山口真由小姐，前不久提出「讀七遍學習法」而廣受矚目。姑且不管實際是否讀七遍，如果要穩固知識，並達到金榜題名所需的程度，至少得不斷反覆**熟背熟讀基本題型和參考書**。只要目標為通過考試，而非考一百分，不妨拋除所有的 nice to have 吧。

一旦有此念頭，便能把該念的部分加以濃縮，不過這樣還不能掉以輕心。

一般而言，每到臨考前，念書的進度總是不如預期，這是因為大部分的人往往在動力最強的初期階段，訂出有些勉強的讀書計畫。如此一來，便會產生

「原本想念卻沒辦法念的部分」，換言之就是在must的範圍中，也殘留著沒念完的部分。

話雖如此，其實我自己也曾有「這也要念，那也要念」的心態。縱然心裡盤算著「來念一下這份判決的最高裁判所調查官（日本最高法院職員，負責輔佐法官進行審判）解說吧」、「再練習一次這份數學的考古題吧」等，但最後依然心有餘而力不足……類似這樣的經驗不下數次。

一旦無法念完自認為must的部分時，考前將十分不安。但事實上，幾乎所有人都是在這樣的狀態下前去應考。時間變得愈來愈少時，**內心便愈來愈焦慮，以至於搞不清楚輕重緩急。**

正因為時間所剩無幾，更要集中火力於沒把握的科目

當身陷這種狀況時，究竟該以什麼為先呢？那就是「成本效益最佳的科目」。

以教師招考為例，考試科目中包含許多公務人員考試特有的科目，各科分數並不高。此外，就題型來說，考題還有容易得分與不容易得分之分。具體而言，數學和理科顯然容易得分，只要熟記演算步驟和理論到某種程度就能順利解答的題目居多。相對於此，**由於國文講求解讀力，因此要驟然提升實力恐怕很難吧**。因此，在這種緊急階段，猛讀國文也是枉然。

所謂成本效益，是根據「自己目前的實力」和「科目特性」兩大主軸來界定。如果自己某個科目的成績極差（低於三十分的狀態），那麼這個科目原則可謂高成本效益。

隨著分數變高，每提高一分所費的力氣也跟著增加。在所剩時間無幾之時，不妨優先處理分數較低的科目吧。

不過，就算是進步空間極大的科目，如果從「科目特性」著眼，判定為不適合優先處理，則應該從優先名單中剔除。例如國文和作文等講求解讀力・感受性的科目，往往因文筆好壞而有極大的落差。反之，**英文測驗和默背題目等，用功程度與考試成績則比較容易成正比。**

如果打算花一樣的時間準備，應該比較值得投資後者吧。

不是忙，只是偷懶

社會人士準備報考證照考試時，隨即現身的敵人就是「忙到沒時間念書」。換句話說，**就是通常無法一邊工作，一邊維持念書的動力**。這時如果心想「畢竟比起念書，工作更來得重要，我也很無奈」，那麼你肯定也是失敗組。

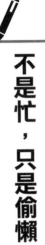

我可以斷言，你之所以念書沒進度，原因並非「忙碌」，單純是「偷懶」而已。

無論忙碌與否，一整天當中，一定有能用來念書的空檔。換句話說，你的手中握有兩張牌，一張是「努力念書」，另一張則是「今天又忙又累，所以要做自己喜歡的事」。

此時你應該會自問「我該怎麼做？」表示無法持續念書的人所打出的牌，往往是「做自己喜歡的事」。為什麼會變成如此呢？那是因為只要打出這張牌，**就能輕易地放棄念書**。認清這一點十分重要。

若想排除這種狀況，只要把自己逼到「不想輕易放棄念書」、「無法放棄」就行了。至於方法為何，將於第四章詳細說明。

第3章

教科書和參考書徹底活用學習術

以超高效率金榜題名的人，一開始都是讀教科書

凡是以超高效率金榜題名的人，一開始都是讀講義，而且如果有不懂的地方，便請教老師和朋友。有時候，他們也會**針對不懂的部分去補習班聽課**。重要的是，應以哪一種念書方式為原則。金榜題名的人，往往以自學自習為基本，然後輔以補習班聽課。此外，家教也同樣屬於輔助性質，基本上只是利用他們協助解決自習時的不懂之處。

針對這個部分的基本觀念，其實差異最大，然而察覺個中差異的人，卻是寥寥可數。確實意識到念書方式的人，根本只有小貓兩三隻。

為了比他人更快抵達終點，應該怎麼做才好？即使跑步的速度很慢，只

要跑步距離變短，一樣能捷足先登。

無論是大學入學考，還是證照考試，都有個同樣的狀況，那就是不少人**在念書的時候，與其說是以金榜題名為目標，其實最後反而變成以念書本身為目標**。這些人一旦聽了三小時的課，就覺得自己學習到好多，內心十分滿足。

就算上了三小時的課，未必代表學習進度也相當於三小時。補教名師當中，有些老師總愛穿插各種小故事，幽默風趣地進行講解。當然這樣的教學方式令人淺顯易懂，但對於沒聽這些小故事也能理解的學生而言，時間都被浪費掉了。

結果，三小時的授課卻只有一小時的學習進度，這種狀況屢見不鮮。我們必須思考的是花費三小時，最多究竟能學習到什麼程度？

光聽課便心滿意足，根本搞錯目的，也搞錯重點，這樣的人實在太多了。而且，其中最大的誤解，則是認為只要去聽課，就能減少自學自習的時間，這樣的人真的太多了。畢竟各家補習班都大肆標榜「來上課便能縮短念書時間」，或許大家就是被這種說法給矇騙了。

一旦聽了課，就覺得這段時間猶如「自學自習」的人實在太多了。就算有補習，**也絕不能取消自學自習的時間**，因此如何有效地活用自學自習的時間，才是念書的本質，結果大家卻搞錯重點了。

讀比聽還快

凡是金榜題名的人，都採用了適當的讀書捷徑，而這種讀書法，其實能普及化到某種程度。

之所以這麼說，證據就在於金榜題名的人一旦互相聊起讀書法，就會一拍即合，感覺他們彼此認同：「對啊對啊，我念書的時候就像這樣。」

反之，如果是落榜的人彼此聊到讀書法，則總是缺乏共鳴，感覺他們互相質疑對方：「是這樣嗎？」換句話說，他們之間的差異就是如此之大。那些快速金榜題名的人，自有他們獨樹一格的讀書法。

例如前文提到的筆記寫法等，**凡是與學力無直接關聯的部分，他們會盡**

量不花時間去寫，只有必要的部分，才會費心思考如何運用時間。

具體來說，他們會先念書再釋出，這是既確實又最快速的方法。人類讀比聽還快，而且藉由釋出，將能牢記知識。是否認清這一點，正是決定成敗的分水嶺。

探討讀書法的書籍中，不乏建議多讀幾遍教科書的著作。前文曾提到的「讀七遍學習法」提倡者山口真由小姐也認為，並非只是猛讀教科書而已，過程中應該練習答題。腦科學也已經證明，灌注知識後盡快練習答題，將能確實牢記念書所得的知識，由此可見釋出的動作何其重要。

就腦科學的說法，**念書時灌注對釋出的比例，似乎以一比三最為恰當。**

為了盡快釋出，我大力推薦趕緊練習考古題的讀書法。

不過如果沒有灌注知識到某種程度，肯定無法釋出，因此驟然練習考古題也難以作答。不過透過熟練題目，將能釐清為了通過考試，必須熟記哪些部分。

講義中也有標示著「此處重要」的部分。不過，由於重要的範圍極廣，無法全數熟記。基於此故，**不妨以題目方式考考自己，藉此穩固知識**。

利用線上學習，連答對的題目也能複習

諸如法律的攻讀等有個特別顯著的情形，就是必須參考的資料量相當龐大。包括講義、判例集、六法全書、題庫集……內容如此之多。念書時，必須互相參照這些資料。說真的，這不僅相當辛苦，而且也很花時間。

如果能將這些資料全部單一化，就能大幅提升讀書效率。舉例而言，我的工作團隊引進一種**教學系統**，**讓電腦畫面於播放教學影片的同時**，**講義就顯示於影片的右側**。而且，只要點選條文或判例，便會在該處下方開啟參照視窗。換言之，必要的內容全被加以單一化。

此外，看完影片後，馬上就能練習考古題。反覆複習考古題也十分重要。

金榜題名的人練習考古題時，多半會針對答題的結果，以「○」、「×」進行評量，當作下次練習的參考。

過去的線上學習系統，雖然能複習答錯的題目，卻無法複習答對的題目。然而，就算答對，有時屬於滿懷自信地答對，有時則屬於碰巧答對。基於此故，我的工作團隊所開發的系統，可在**考古題的答題評量中，顯示是否自信十足**。

評量分成四類，可自行選擇當然「○」、或許「○」、或許「×」、當然「×」。如果屬於毫無自信地答對，這題也能進行複習。

另一個重點是保證具備客觀性。由於是否具有自信，屬於個人的問題，因此不能光參考這個評量。所謂考試屬於相對評比。換言之，只要是大家都會的題目，自己也不能不會。

因此，如果是正解率極高，且為缺乏自信的答錯題目，就必須最先搞懂這題。此外，複習的題目也能根據給分擬定先後順序，這樣複習起來將很有效率。

金榜題名者經腦科學證實的共通點

說得極端一點，**如果是大家都不會的題目，自己不會也沒關係。**按理來說，正式上場考試時，大家一樣不會。無論是大學入學考，還是證照考試，都不是以爭取第一為目的，只要讓自己的名次落在群體的前段，就能金榜題名。

至於大家會不會某個題目，可以透過累積正解率的數據進行判斷。由於考生的數據會慢慢累積，如果能一併參考，判斷的精準度將隨之提升。換句話說，除了正解率外，也要參考各種狀況。例如金榜題名的人在這段期間花了多少心力念書，才能在這次的實力測驗中考到幾分，或是落榜的人只花了這點心力念書，結果只考了幾分等等。

除此之外，就算同為上榜的人，各自的情況也不盡相同。有些人屬於埋頭苦讀型，也有些人原本完全不開竅，直到某個時期才瞬間突飛猛進，只要參考數據分析，便能找到固定的法則。

掌握這些數據，將能漸漸明白考前必須針對考試範圍複習幾次才能考取，或是對憲法沒把握的人，往往對刑事訴訟法也相當沒把握等情形。

過去補教老師總是單憑主觀經驗，無端表示「這個人能上榜」，而今已能用數據佐證他們的說法。

為了能保持客觀性，我也取得腦科學界的證明。東京大學藥學院教授池谷裕二先生，目前從事腦和記憶的相關研究。我特別邀請池谷教授擔任顧問，當上榜者的訣竅被存入系統後，便委託教授從腦科學層面判斷系統正確與否，據此進行系統的監督修改。

以自信的程度為例，就算剛開始學習時自信十足，但隨著時間過去，也會漸漸失去信心。既然如此，「**自信並無絕對性**」的議題就值得探討一下。

在原先的系統中，只要是滿懷自信答對的題目，就不再進行複習。然而，根據池谷教授的建議，畢竟人類屬於遺忘型的生物，就算原本深具自信，過了一段時間後，肯定還是忘記，因此最好再次複習為佳。

雖然上述狀況不常發生，**但我還是修改了運算程式，讓系統變成即使是滿懷自信答對的題目，仍會出現於複習題當中**。

由此可見，就算從腦科學層面解釋，也能保證我所提倡的方法，是十分合理的讀書法。

截至目前為止，像這樣的數據累積和分析，無論是多麼大型的證照補習班，也都不曾著手進行。雖然他們保留學生的個人基本資料，不過頂多當成行銷之用。

補教老師的經驗也能派上用場，雖然這些經驗同樣重要，但再優秀的老師，也是有所極限。

二〇一六年三月，谷歌旗下的深思公司（Google DeepMind公司）開發出人工智能棋士「AlphaGo」，與號稱「世界最強棋士」的韓籍李世乭九段進行對戰。

五局棋賽於首爾市內飯店舉行，結果「AlphaGo」以四勝一敗的成績獲勝。這個電腦大勝人腦的結果撼動了圍棋界，不過這樣的事實**正好能證明經驗其實有所極限，象徵意義極大。**

與其讀兩遍教科書，不如進行一次測驗

雖說每個人的頭腦有好壞之分，但人腦的基本構造，其實一模一樣，基礎結構和功能並無差異。既然如此，應該可以根據過去累積的數據，推敲出有效率的讀書法，而且這個方法任何人都能套用，相當普遍一般。

前文曾提到，**最好能盡快釋出所得的知識為佳**，這本來是源自我個人經驗的心得。然而，經過查詢，我發現已經有人發表過名為「測驗效果」的論文。

論文中的實驗是讓兩組人花相同時間讀同一本教科書，一組讀兩遍，另一組則讀完一遍後，立刻回答有關這本教科書的題目，然後看看哪一組人確

實吸取了知識。

結果進行測驗的這組人，吸取知識的程度遠大於另一組。

除此之外，艾賓浩斯（Hermann Ebbinghaus，德國心理學家）的遺忘曲線（Forgetting curve）也相當有名。這是研究記憶會隨著時間的流逝，喪失到何等程度的實驗結果。雖然人類的記憶會漸漸消失，但只要複習，就能重新想起。如果能多複習幾次，記憶的固著率將能提升。

再者，透過分析考生何時、在什麼時機考了幾分，或是念了哪份講義，便能釐清上榜考生與落榜考生的特徵。

例如，對憲法沒把握的學生，往往對刑事訴訟法也較沒把握等，科目間的關聯性變得顯而易見；此外也能得知，上榜學生**在考試半年前進行的實力測驗中，已經考到八成左右的分數了。**

如同前文所述，只要搭配運用腦科學、金榜題名者、考生等三大數據，便能建立得以普及化的學習法。

也能活用午餐時間提升專注力

講求效率時，專注力也有極大關聯。對於工作繁忙的社會人士而言，打造「能專心念書的環境」，想必相當困難吧。不過，愈是處於「缺乏環境專心念書」的逆境中，愈得設法「靠自己打造」這樣的環境。

換句話說，就是由自己安排念書的輕重緩急，讓自己得以專注。此外，打造能專心念書的環境時，最重要的即是「和生理需求打好交道」。

所謂生理需求，就是人類生存過程中無法避免的慾望。觀察自稱「難以專心念書」的人，我的第一印象就是他們似乎有**睡太多**、**吃太多**、**上廁所太頻繁**等情形。

首先是睡慾。念書時，勢必遭受睡魔侵襲。關於這種時候要如何因應，應該事先擬定準則。以我個人為例，因為人體生物週期的緣故，我幾乎每天下午三點到四點左右，就有濃濃睡意襲來。無論正在工作或念書，情況都一樣，畢竟是生物週期，這也是無可奈何之事。

這時，我只好先去睡一下，只不過，**我規定自己睡十五分鐘就好**。根據我的經驗，如果小睡時間超過十五分鐘，腦袋將進入關機狀態，做起事來變得拖泥帶水。

當我打算小睡片刻時，為了讓自己醒來就能立刻念書，我總是把書本翻到念了一半的那頁，然後直接趴在上面小睡。如此一來，由於醒來後眼前就是正在念的那頁，因此會驚覺「糟糕！得趕緊用功」，進而順利地繼續開始念書。

其次是食慾。每逢中午十二點或晚上六點就吃飯，這種規律的用餐習慣相當不可取。我遇過許多挑戰證照考試的人，但缺乏這種意識的人實在太多了。

午餐對念書而言，宛如險峻山路上一朵盛開的花朵、沙漠中的綠洲。就算形容這些考生根本「以吃飯為目標用功念書」，也毫不誇張。在固定的時間機械式地用餐，實在是很可惜的事。

以我個人為例，當我打算利用一整天的時間準備司法特考時，通常是從早上八點或九點開始念書，並訂於下午兩點或三點左右吃午餐。只要眼前吊著一根「念完這個部分再吃午餐吧」的胡蘿蔔，念書便能專心，因此我刻意延後午餐時間。

此外，用餐時的重點，則是「不要吃得太飽」和「盡量細嚼慢嚥」。尤其是男生，準備考試的時候，總是狼吞虎嚥地嗑光大碗蓋飯的人不在少數吧？不過這樣的吃法實在太離譜了。一旦火速解決一頓飯，肯定會發睏，而且專注力也會下滑，陷入最糟的念書狀態。

相傳曾有一位知名的三明治伯爵（Earl of Sandwich，屬於英格蘭貴族爵位，由英皇查理二世於一六六〇年創設），由於他沉迷賭博，因此要求僕人製作可單手食用的三明治，為了邊吃邊保持專注，他應該吃得很慢吧。

不是伯爵的各位，**為了不讓專注力半途中斷，也要細嚼慢嚥，並切勿飲食過量。**

每當我準備花一整天念書的時候，午餐多半是兩個甜麵包，相當寒酸，不過並非一次吃掉兩個，而是一個一個地慢慢吃。吃完一個麵包後先念一些書，**等這個部分念到一個段落，再吃另一個**，以這種方式慢慢進食。

背完單字再去「上廁所」

除此之外，有個竟然常被忽略的生理需求，那就是上廁所。直到想上才去上的人，沒想到相當之多。容我先聲明一句，平常可以隨意想上再上，不過，念書時也能有效地運用「如廁慾」。

以我個人為例，念書的時候，我總是忍到最後一刻才去上廁所。這不是玩笑話，背單字時只要打定主意「讀完單字簿的這個部分再去上廁所」，確實能熟記不少單字。

或許也可比照午餐，**把上廁所當成是對自己的獎勵**，打定主意「結束這個段落再去」，藉此讓自己專心念書。只是一旦忍過頭，萬一不巧廁所有人，恐怕面臨緊急狀態，這樣的可能性也不見得沒有。

念書這件事，基本上難以區分輕重緩急。為了給念書帶來一些刺激，**活用生理需求不僅是最貼近自己**，也是效果最好的方法。換句話說，大家可善用「生理需求」，打造完善的念書環境。

第4章

補習班中**沒效率**、**徒勞無功**的情形太多

預收補習費的經營模式難以提升動力

證照補習班的收費方式，原則採用預收制。例如學生繳納補習費時，計費方式為「明年七月為止共五十萬日圓」，此與英文補習班等完全一樣。

由於補習班已先收費，因此學生有來沒來，均不構成影響。換言之，對於補習班而言，並不需要刻意提升學生的動力。要是學生全都經常到補習班報到，自習教室也會人滿為患，因此就經營架構來說，反而是寧可學生別來。

就算去了補習班，老師也只是自顧自地進行授課。由此一樣能看出，補習班絲毫無心提升學生的動力，或是設法讓學生堅持下去。

畢竟補習班的經營模式，就是以**寧可學生別來**為架構，因此奉勸大家最好別逕自幻想：「只要到補習班上課，念書就能持續。」

持續學習的原因在於「監視」、「競爭」、「危機意識」、「認同」

話雖如此，能自立自強地堅持到底的人，其實少之又少，這種情況和減肥一模一樣。如果思考持續性的本質究竟為何，腦中將浮現四個著眼點，那就是「監視」、「競爭」、「危機意識」、「認同」。

包含我自己在內，其實人類本來就生性懶惰。**無論工作或念書，只要稍不留神便會偷懶，這是理所當然之事**。求學時期，每逢老師請假而變成「自習」的那天，大家多半跑去踢足球或打麻將吧？主管或經理不在公司時，應該有顯得特別開心的同事吧？學生和社會人士都一樣，只要沒受到「監視」，便不禁偷懶，這正是人類。

如果能善用這種「監視」，將可維持動力。說得更明確一些，就是必須「利用人的壞心眼」。

以我個人為例，每當我準備報考某個考試時，我總會向周遭的人宣稱：「我某某時候要去考這個考試。」如此一來，不僅考完後會遭人詢問「考得如何？」考前也會被關切：「考試準備得順不順利？」

此時**這些旁人的心態**，多少有些壞心眼。例如「反正他無法堅持到底吧」、「最後他會告訴大家自己失敗落榜了吧」。各位不能否定他們，因為你應該也有相同的心態。

將旁人的壞心眼運用於「監視」

事實上，這種壞心眼將讓自己感受到一股壓力，導致的結果就是得以維持動力。

一旦被「監視」，將產生無路可退的壓力，進而難以脫口說出：「還是放棄算了。」

不只是家人或情人等身邊的人，不妨讓心眼比較壞的朋友或同事也一起加入「監視」的行列，對於動力的維持，將有絕佳的效果。

請務必試著向女朋友和朋友宣稱：「我要取得這張證照。」

其次是「競爭」。訓練賽馬時，比起讓馬匹獨自奔馳，還不如讓一群馬進行賽跑，如此一來，不僅馬匹跑得更快，同時能達到高強度的練習。人類也是同樣的道理。看小朋友開心地進行賽跑便能理解，**就本質來說，人類非常喜好與他人競爭**。透過競爭，將能激發出單憑自己無法發揮的力量。

我就讀高中時，**曾與人以午餐為賭注，比賽補習班模擬考名次的高低**。雖然金額並不多，但除了出自本能的「不想輸」之心，另外還有「不想花錢請對方吃飯，還得看他一臉得意」的心情，因此雖然方法很原始，但卻能讓我變得異常努力。

設定底限，煽動「危機意識」

所謂「危機意識」，就是認定萬一落榜，自己將身陷危急之中的心態。一旦如此認定，便會面臨火燒屁股的狀態，於是不得不想盡辦法努力用功。

舉例而言，要是這次的測驗未通過，將慘遭父母中斷金援；要是今年沒考上ＭＢＡ（Master of Business Administration，企業管理碩士），公司將不會幫自己出學費；要是ＴＯＥＩＣ（Test of English for International Communication，多益英語測驗）成績沒考到七百三十分，將無法晉升課長等等，危機意識的種類相當多元。

每當考試迫近，補習班開辦的考前衝刺班等課程，總是相當熱門，這也可說是利用考生危機意識的一門生意。換句話說，以時限為訴求開班授課，效果相當不錯。

至於「認同」，則代表**受他人肯定的喜悅**。舉凡「你好厲害喔」、「這種事你都知道啊」等，一旦被人誇獎，往往不禁心花怒放吧？就算是客套話，也不會感到不悅。人類就是這麼單純。

只不過，和其他三個著眼點相比，「認同」的效果略小，如果不是厲害到某種程度的人，恐怕難以藉此維持動力。

我本身一向時時謹記這四個著眼點，埋頭苦讀。根據這些著眼點的運用情形，邁向金榜題名的路程將隨之改變。只要善加活用，將能以最短的路徑抵達終點，不過若要持續進行「危機意識」以外的三個著眼點，**則得仰賴同伴**。

「網友」一點也不可靠

大學入學考前，由於高中裡有念書的同伴，因此要落實前述著眼點比較簡單。換句話說，因為就讀高中的人，彼此的程度大同小異，所以高中屬於容易「競爭」、互相「認同」、互相「監視」的環境。

然而，一旦踏入社會，這樣的同伴幾乎消失無蹤。由於連朋友都沒有的情況也不少，因此得靠自己積極主動才行。舉例而言，**透過社群網站等尋找同伴**也是方法之一。只不過網路上認識的同伴有個缺點，就是帶來的效果相當有限。

Facebook（臉書）中有個主題為「大家考證照」的粉絲團，粉絲人數共有四千到五千人。瀏覽粉絲專頁的貼文，將發現幾乎沒人宣稱「我要報名這項考試，拚了」，大部分的留言都是「我去考了這項考試」。此外也不乏上傳合格證書圖檔的人，結果，其他粉絲成員便留言給這個人：「恭喜上榜。」

這樣的粉絲團，根本無助於金榜題名。若問為什麼變成如此，全是因為如果貼文留言「我將報名這項考試」，**將使自己淪於遭粉絲成員監視的處境，**承受極大的壓力。

受人「監視」，實在不是件令人愉快的事。不過，要是不刻意安排自己處於這種不愉快的狀態中，將無法期待效果。

思考目前的工作能否再持續十年

雖然補習班也是為了結交同伴的場所，不過同樣得靠自己積極主動才行。由於補習班完全不會提供任何協助，因此怕生的人，往往難以加入任何小團體。

通常一到教室，便會看到前面坐著四、五個自成一個小團體的學生。因為這些人和老師的交情也不錯，所以怕生的人無法一起加入他們。

我的工作團隊認為小團體十分重要，因此規劃了**小班制研討專用教室**。如果這個教室確實發揮作用，將能完成互相監視和競爭的任務，進而帶來維持動力的效果。

除此之外，我每個月會到地方鄉鎮舉辦一次活動，讓當場互相結識的人，自行展開研討。由於自行研討的學習效率欠佳，因此我並不是十分推薦，不過就維持動力的觀點來說，則是效果斐然。

所謂金榜題名的人，雖然他們自己可能未意識到，但這幾個著眼點，早已讓他們獲益匪淺，比方說以午餐為賭注參加模擬考等。

一般而言，報考證照考試時，一開始都是基於「危機意識」。例如「就算在這家公司待十年也看不到未來」、「這份工作，應該無法再持續十年吧」等，因為心生這些念頭，所以才**立志擁有一技之長，決心挑戰證照考試**。

問題是，這股動力並無法持久。如果沒有相當的毅力，根本沒辦法靠自己撐下去。基於此故，讓自己堅持到底的體制架構有存在的必要。

第5章

讓幹勁持久的釋出式讀書法

志願入學者蜂擁而至，密涅瓦大學的教學嘗試

那麼，究竟該如何維持動力呢？近來漸漸出現一些機構，正是採用以此為訴求的體制。比較熟悉的例子，譬如前文所述的RIZAP私人健身中心，就十分典型；如果以教學機構為例，則好比密涅瓦大學（Minerva Schools at KGI），這是一所二〇一四年成立於美國舊金山的四年制大學。

這所大學採用的教學體制非常有趣。每班學生人數二十名，而且一律住校，不過宿舍每三個月更換一次。由於這所大學的宿舍遍布世界各地，因此**全班同學就一起邊遊歷世界**，邊體驗大學生活。至於教授則待在美國，透過線上教學進行授課。

因為同學彼此朝夕相處，所以漸漸萌生互相監視及競爭意識。校方重視的正是這個部分，至於授課則以線上教學力求效率化。

這所大學人氣很夯，錄取率甚至比哈佛大學還低。

日本的話，有所於二〇〇六年成立的海陽學園，屬於全體學生住校的國高中直升學校，目標是培育下一代的領袖人物，由東京大學名譽教授中島尚正先生擔任校長。

這所學校的特色是**校方會安排豐田汽車（TOYOTA）和電裝公司（DENSO，豐田集團子公司，為世界第三大、日本第一大的汽車零部件供應商）等大型企業員工來到宿舍，監視學生念書。**

和程度較好的人一起念書，效率也會提升

至於我們「資格square」，則打算利用個別指導研討課維持動力。雖然我們將自己定位於考試補習班二．〇和三．〇之間，但卻十分重視學習後的測驗。我們要求學生自己在家複習上課的內容，**到補習班便進行測驗**，之後則進行個別指導研討課。雖然號稱個別指導，但其實是一對五的方式，因此也有其他同伴在場。

此外，如果是司法特考課程，便有律師在場，若為代書課程，則有代書在場，學生可向這些證照持有人諮詢不懂的部分、商量讀書方法，或者也能請他們指導論文的寫法。

前文曾經提到，自行展開研討的學習效率不是很好。不過，那是因為研討群組中沒有金榜題名的人。由於在這樣的狀態下念書，效率奇差無比，因此務必讓群組立即解散為宜。

一旦群組中存在顯然**程度出眾的人，因為能遵循這個人的意見**，所以讀書效率得以提升。正因為如此，我才打算讓研討課以這樣的方式進行。

到頭來，所謂追求持續性，就是管理學生的自學自習，同時採用保證能讓學生堅持到底的體制架構。而將這兩項整合為一的結果，我認為正是個別指導研討課。

減肥失敗就罰錢！

說到「監視」，美國有個有趣的平台架構，專門提供生活實用面的監視服務。首先由參加者決定自己打算實踐的事項，比方說每天慢跑五公里、禁菸、減肥等，任何事項都可以。

接著指定裁判，人選為參加者自己身邊的家人或朋友等。最後，再由參加者自行設定**要是沒達成目標的罰款**。只要參加者違反規定，裁判便回報平台。結果，參加者事先登錄在平台的信用卡帳戶，便會自動扣除罰款金額。

而且，平台收到罰款後，將會捐款給違反參加者思想主張的團體。當然就社會觀點而言，這些團體都屬於慈善團體，不過對參加者來說，畢竟是把自己的錢捐給觀念有所出入的對象，因此內心壓力不小。

此外平台過去的實例，也全被累積於大數據中並加以分析，比方說如果是禁菸，則可得知罰款金額設定多少的人，禁菸的成功率最高等等。

我認為這是一種相當符合人類本質的服務。人類的本質，並不會輕易改變。凡是無法堅持就不能見效的事，**如何確保持續性**非常重要。

前不久，哈佛大學和麻省理工學院推出名為MOOCs（Massive Open Online Course）的服務，也就是任何人都能免費進行線上教學，一時蔚為話題。

而日本也以放送大學（日本政府創立的私立大學，為透過通訊進行教育的教育研究組織）等校為主，實施同樣的教學體制，名為JMOOC（Japan Massive Open Online Course）。此外，東京大學等一流大學則能免費進行線上教學。然而，中途就跟不上進度的人為數不少，能從頭堅持到最後的人，只有一成左右。

為了達到金榜題名的目標，自學自習顯然是最短的捷徑，不過要是任何人都能辦到的話，補習班便沒有存在的必要了。

仰賴補習班的人數眾多，這個事實正代表自認無法堅持到底的人何其之多。

之所以無法持續上完前述的線上授課，完全就是無法維持動力使然。結果實際的現狀就是，原本無論何時、無論何處都能進行的線上教學，最後變成**無論何時、無論何處皆不上也行的課程**。

建立個人化「自動連鎖反應開關」

為了靠自己就能維持動力，力求「自動連鎖反應開關化」正是重點所在。換句話說，就是由自己建立一套一旦啟動，**危機意識便會自動升高的架構**。

各位知道《自動連鎖反應開關》嗎？這是由日本放送協會（簡稱ＮＨＫ，日本大型公共媒體機構）教育台播放的節目，其中謎樣的機關裝置「自動連鎖反應裝置」相當出名。只要施力於裝置起點，接著各種機關便會自動運作，最後節目名稱《自動連鎖反應開關》將出現在螢幕上，同時附上音效「喔喔——」。

換言之，這就是未來版的骨牌吧。請善加活用前文所述的「監視」、「競爭」、「危機意識」、「認同」，建立自己專屬的自動連鎖反應開關。

重要的是「切勿讓動力下滑至某個程度以下」。無論是工作，還是念書，**動力勢必起伏不定**，因此絕不可能「一直維持於高峰狀態」。無論多麼力求「自動連鎖反應開關化」，一定有動力趨緩之時。

即使是「動力無法提升」的時候，也不要「過度下滑」。換句話說，動力的「底限」，正是自學的要素。

無法提起幹勁時，索性嘗試當個廢人吧

以我個人為例，每當完成一個較大的段落後，動力總是有下滑的傾向。例如參考書整本念完一遍時、題庫集整本寫完一遍時、模擬考結束時等，我往往渾身無力。由於因應考試的念書非常乏味，因此坦白說，到了這些時間點，我對念書已盡是「厭倦」。

然而，在長年的自學生活中，我發明出幾個獨門絕招。為了維持自學的動力，「廢人」策略及「用爐灶煮飯」策略相當有效。

首先說明「廢人」策略。當動力遲遲無法提升時，乾脆豁出去休息一下

吧！雖然這是個過於直截了當的策略，但效果竟然出奇的好。只不過務必注意的是，休息必須「短暫、盡情」。

以我個人為例，**只要是缺乏動力的日子，我一概整天不念書**，完全休兵一天。遇上這種日子時，我也曾一整天泡在電子遊樂場中，大玩投幣式遊戲機，簡直就是執意當個廢人。一天下來，搞不好花掉了一萬日圓。

一旦廢到這種程度，最後從電子遊樂場返家的途中，看著自己被硬幣弄髒的手指，往往有無限感慨湧上心頭：「哎——我究竟在幹什麼啊！」結果，**危機意識瞬間形成**：「糟糕，再不好好用功，可就不妙了。」隨之自然而然地專心念起書來。

順帶一提，要是讓自己休息到一整個星期等較長的時間，廢人模式將變成主體。如此一來，便會就此往暗黑世界墮落下去，最後變成黑武士（電影

《星際大戰》中的人物），因此必須非常小心。

坦白說，經我測試的結果，休兵一天並不會影響考試的結果。像這樣反其道而行地率性而為，讓自己「自然而然地抱持危機意識」，其實效果更好。

這種「廢人」策略，屬於「本來就不想念書」之時的因應對策，不過所謂「雖然有心念書，卻無法熬過低潮」的瞬間，也經常發生吧？

以我個人為例，有些日子我雖然出門到圖書館去，不過依然提不起幹勁。換句話說，也不是沒興趣上哪兒去玩，但整體狀態就是顯得拖三拉四。

這種時候，「用爐灶煮飯」策略相當有效。請大家回想一個用爐灶煮飯時的口訣：「開頭微火慢煮，然後大火燒旺。」換言之，就是動作順序為**從小火變成開大火**。

記得進行腦部熱身

雖然很多人並沒放在心上，不過同於做菜的火力，念書也是有「強度」的區別。

舉凡重讀曾讀過一次的參考書、聽人說話等，由於不需要絞盡腦汁也能進行，因此可謂強度偏低。反之，像是熟背、練習寫問答題等，則用腦強度較高。

實在熬不過去時，只要以「開頭微火慢煮」為原則，**先念用腦強度較低的部分**，將比較容易專心念書。由於開頭以微火慢煮等同於熱身，可讓腦袋漸漸變成「念書模式」，因此接著要以較高的用腦強度念書時，就會比較容易上手。

對我而言，讀參考書最為輕鬆，因此每當我對念書變得意興闌珊時，總是刻意安排自己先讀參考書，**等到慢慢提高興致後，再著手進行比較困難的部分，例如練習問答題等。**

以上方式，請務必參考嘗試看看。

COLUMN

應考當天，「金榜題名者」的三「不」原則

又不是遠足前晚卻睡不著、看著電視卻心神不寧……應考當天，往往處於這樣的精神狀態。**大考之日，一早便顯得忐忑不安的人比比皆是**，因此你並非特例。

從事證照考試相關工作的我為了當面關切考生，每逢考季，總是週週到考場報到，為大家加油打氣。想當然耳，我也會順便發一下自家公司的傳單。

話說回來，究竟該如何應付考試當天的忐忑不安呢？坦白說，應考當天無論念什麼書，結果都不會改變。基於此故，原則上這天做什麼事都行。

話雖如此，我認為考試當天有三件「不該做的事」，接著就來介紹這三不吧。

①不要做異於平常的事

這是鐵則。讓腦袋保持冷靜直到臨考之前，為十分重要的事，因此不能刻意去做異於平常的事。舉例而言，如果平常有晨跑的習慣，當天早上也該晨跑；如果平常早餐吃麵包的話，當天最好也一樣吃麵包。

這種規律的作息，可望**得到讓腦袋維持常態的效果**。運動選手當中，也有不少人在準備一決勝負之前，一定會做出固定的動作。例如鈴木一朗選手（職棒選手）一站上打擊區時，或是突然爆紅的五郎丸步選手（日本橄欖球運動員）等，具體實例不勝枚舉。

換句話說，就是藉由慣例化保持腦袋的冷靜，進而讓自己處於得以發揮實力的狀態。

以我個人為例，考前我總是聽同一首歌。每當我準備聯考時，我通常會聽SPITZ（日本搖滾樂團）的《RECYCLE》專輯（三十多歲的人應該相當熟悉，不過對於二十多歲的人來說，應該屬於懷舊老歌吧）。

透過聽歌，對腦袋下達「狀態如常」的指令，讓腦袋處於完全放鬆的狀態。採用這種方式的人應該不少吧。

②即使黑貓從眼前經過也不要放在心上

我並非呼籲大家「別迷信預兆」。我想表達的是，就算出現被視為「不祥」的現象，**也無須放在心上**。

舉凡在路上看到黑貓從眼前經過、筷子或悠遊卡從手中滑落……這些都是家常便飯之事，要是每件事都耿耿於懷，那還真是沒完沒了。

如果那麼在意預兆，請做正向思考就好。舉例而言，我在正式上場考試前，必定會吃巧克力，因為巧克力連結著我的成功經驗，對我而言，巧克力能為我「帶來好運」。

我生平頭一次的入學考，就是開成中學的入學考，應考當天，家母為了忐忑不安的我帶來了巧克力。她告訴我：「吃了巧克力，腦袋就能變靈活。」現在回想起來，這簡直是莫名其妙的理由，但我這個天真無邪的小學生非常聽話，深信腦袋將變得十分靈活並就此赴考，結果順利金榜題名。

人類真是不可思議，只要認定「這會帶來好運」，無論是神明、佛像、巧克力，一律虔誠膜拜。自從中學入學考以來，巧克力便成為我的考試必備物品。

如果是類似這樣的預兆，那麼相信也無妨。雖然我本身也如前所述，屬於迷信預兆的人，但換一種說法，這麼做只是求一時的心安。基本上不僅無須在意預兆好壞，**更不該盡往負面去想。**

③考試結束前不和他人聊天

最重要的就是這第三不。應考當天，原則上別和其他考生聊天。一旦考試時間較長，有時上下午之間會安排午休時間，甚至可能連考兩天。

結果，各節考試之間的休息空檔，常聽到有人互聊：「那科好難喔！」、「那題你怎麼作答？」

雖然想要互相對答案是人之常情，**不過和你討論的對方並非負責改考卷的老師**，即使「互相對答案」也毫無意義。

就算為了略求心安，而稍微互相對答案，也未必代表答對這題便能錄取上榜，而且要是發現自己答錯，反而讓自己的心情嚴重受創，簡直是有百害而無一利。

總是被應考同伴團團包圍的你，唯獨考試當天，請務必擺張臭臉。或許這一天會少了幾個朋友，不過請不要在意（笑）。

只要遵守這三不，應該就能以「不疾不徐」的精神狀態應考。並未發揮自己平常實力的感覺，其實大家都有。儘管如此，也要相信自己到最後一刻。

鍛鍊自學力的「SQUARE法則」

如前文所述，無論是大學入學考，還是證照考試，**為了以最短捷徑達成目標，自學為最佳選擇**。然而，如果沒頭沒腦地展開自學，成果也十分有限。基於此故，如何能既有效率，又堅持到底地進行自學，將是一大問題。

我的工作團隊開發出一套任何人都能有效率地一邊維持動力，一邊進行自學的「SQUARE法則」。只要依照這套法則的步驟進行自學，無論是誰都可以輕易地達成目標。基本概念同前文所述，在此針對重點，再次說明如下。

「SQUARE法則」由四個階段架構而成，組合各階段的字首「S・Qu・A・Re」。

S 步驟一：自習（Self-learning）

頭一個步驟是「S」的Self-learning，沒錯，正是自學（自學自習）。這個階段的學習，原則以講義為主。雖然一到補習班上課，就有念到書的感覺，不過光是聽課，未必屬於有效率的學習。

靠自己讀講義，雖然相當乏之味，**但已經理解的部分可直接跳過**，而且還不放心的部分也能反覆複習。換句話說，就是能配合自己的理解度進行學習。

反觀補習班的授課方式，無論懂或不懂，一律以同樣的進度趕課。基於此故，就算同樣是兩小時的學習，到補習班上課與自己讀講義，彼此的效率截然不同。

只不過光靠自己讀講義，難免遇到怎麼也搞不懂的部分。事先安排好可於這種時候提出疑問，或是只針對這個部分去補習班聽課的環境，其實十分重要。就這層意涵來說，補習班等也有存在的意義。

Qu 步驟二：**熟記**（Question）

這是把得自於講義的知識釋出，然後熟記腦中的步驟。光讀講義的話，記憶的固著率總是偏低。可透過練習答題等，將學到的知識釋放出來，如此一來，記憶的固著率將大幅提升。

關於這點，腦科學也已提出「測驗效果」加以證實。在這個步驟階段，針對無法理解的部分，也一樣需要得以提問或上課的環境。

A 步驟三：**克服**（Advice）

這個步驟，是針對自己不懂之處或棘手部分，有效率地加以克服的階段。如果能接受個別指導或上研討課，將比較理想。步驟一和步驟二原則上以在家裡學習為主，但這個步驟則以**實際到教室去，當面接受建議**的效果最佳。

這個階段也要進行測驗，以確實掌握自己的程度達到整體的哪個水平，這不僅十分重要，透過強制要求到教室報到，也有助於維持動力。此外，還能結交同伴，產生競爭意識，並且打造出**受老師監視的環境**。

Re 步驟四：**反覆**（Repeat）

一旦進行到步驟三，完成一個循環後，便再回到步驟一，重複同樣的循環，透過這種方式，讓記憶的固著率更加提升。愈早展開複習效果愈好，因此盡早進入循環為重點所在。

關於上述法則，雖然也能靠自己打造環境加以實踐，但卻相當費工與費時。為了能有效率地落實「SQUARE法則」，我以「資格square實體班」的司法特考個案為例加以說明吧。

「資格square實體班」對自學力的想法

無論老師多麼優秀，無論學生的資質多棒，光靠這些也無法保證錄取上榜。鍛鍊高效**自學自習續航力**，也就是「自學力」，為金榜題名的必備要素。

各位是否曾有下列的煩惱？

- 念書無法持續
- 考試當前，卻還沒念完全部的考試範圍
- 曾經答對的題目，再試一次卻答不出來
- 一遇上不懂的部分，便停滯不前

- 雖然認真念書，成績卻沒進步
- 雖然讀了教科書，實際答題時，卻依然答不出來
- 應已牢牢記住，卻還是忘記

只要加以鍛鍊自學力，這些煩惱全都能迎刃而解。一般進行線上教學時，每小時的授課進度約十頁講義，不過「資格square實體班」的進度，則為每小時二十頁左右，授課速度可達一般的兩倍。

若能縮短時間，學習的循環就會變快，**進而能多複習幾次，提高記憶的固著率。**

確立以釋出為主體的學習法

以釋出為主體的學習法，就腦科學的說法即是——

灌注對釋出的最佳比例＝一比三

應付司法特考時，通常得由大量的知識中，篩選必要的資訊，然後於短時間內完成作答。要是一直持續於偏重灌注的學習，當實際面對考題時，便會表現失常，無法「正確展現知識」，或是無法**在時限內寫完**全部考題。

司法特考的試題範圍，光是基本的法律就有七個科目，而且答題方式從簡答式到申論式都有。換句話說，學習範圍極廣正是司法特考的特色所在，想完全理解所有論點，根本不可能。

其實全部考生都一樣，金榜題名的重點，**就是於適當的時機，進行適量的釋出**。透過徹底反覆釋出，可讓自己即使到了考場，依然能滿懷自信地面對考題。

以釋出為主體的學習法，可高效實踐「ＳＱＵＡＲＥ法則」。

由錄取上榜徹底倒推的課程計畫

在此為頭一次報考證照考試的人、準備過證照考試的人、學生、社會人士等，來自於各種背景的人，提議一套我深具信心的推薦課程，只要實踐這套課程，保證上榜沒問題！

課程特色①配合上榜目標的課程

根據學生報名上課時的學習進度、每天的上課時間，**擬定直到上榜為止的課程計畫**。司法特考預試和正式考試均為一年只舉辦一次。針對學生自己訂定的上榜目標年度，以萬全的體制，協助大家順利發揮最大的實力。

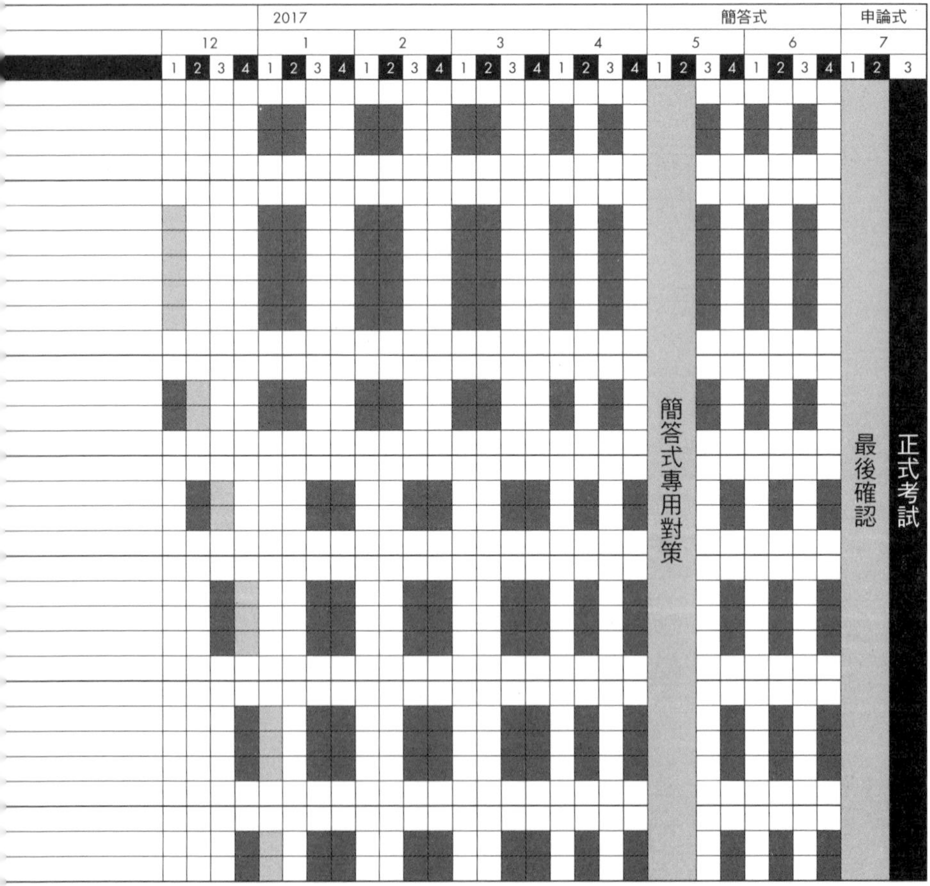

■為原則學習，■為複習

■為研討週，第五週為彌補落後進度

課程計畫實例

以一年通過司法特考為目標的課程計畫

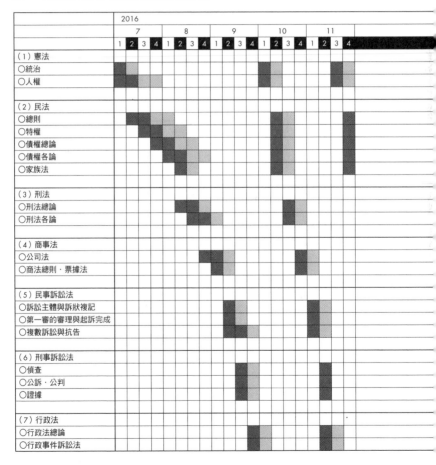

	2016																			
	7				8				9				10				11			
	1	2	3	4	1	2	3	4	1	2	3	4	1	2	3	4	1	2	3	4
(1) 憲法																				
○統治																				
○人權																				
(2) 民法																				
○總則																				
○特權																				
○債權總論																				
○債權各論																				
○家族法																				
(3) 刑法																				
○刑法總論																				
○刑法各論																				
(4) 商事法																				
○公司法																				
○商法總則．票據法																				
(5) 民事訴訟法																				
○訴訟主體與訴狀複記																				
○第一審的審理與起訴完成																				
○複數訴訟與抗告																				
(6) 刑事訴訟法																				
○偵查																				
○公訴．公判																				
○證據																				
(7) 行政法																				
○行政法總論																				
○行政事件訴訟法																				

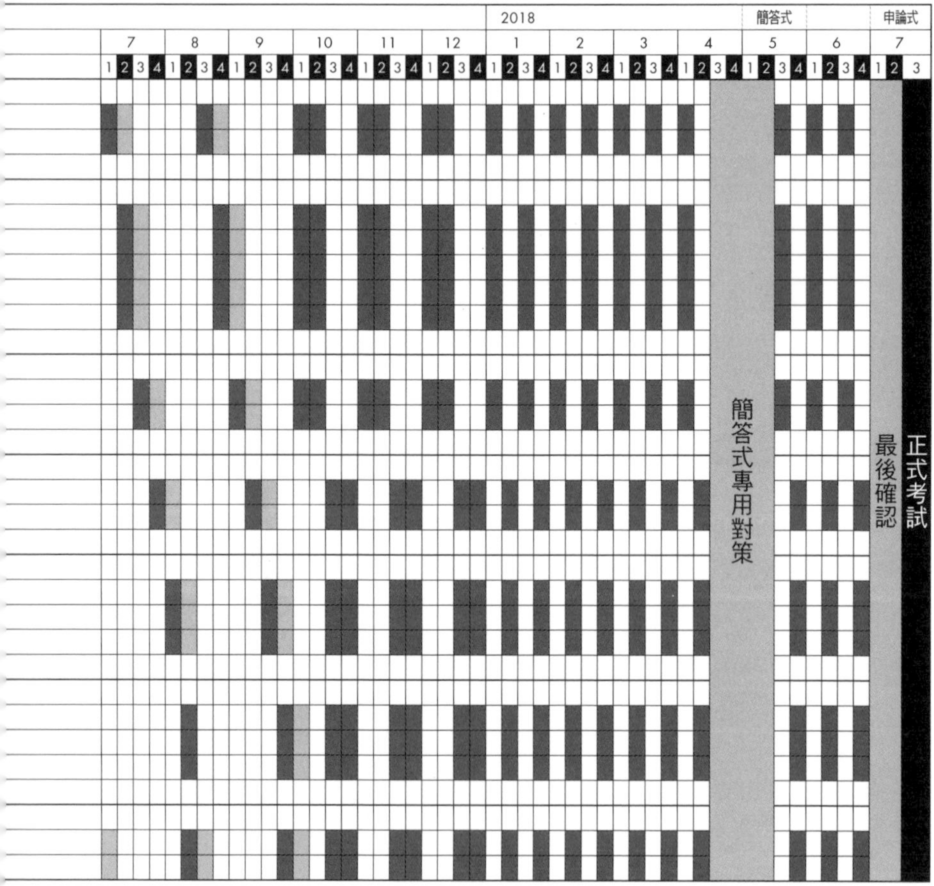
2018
簡答式
申論式
7
8
9
10
11
12
1
2
3
4
5
6
7
1 2 3 4
簡答式專用對策
最後確認
正式考試

以兩年通過司法特考為目標的課程計畫

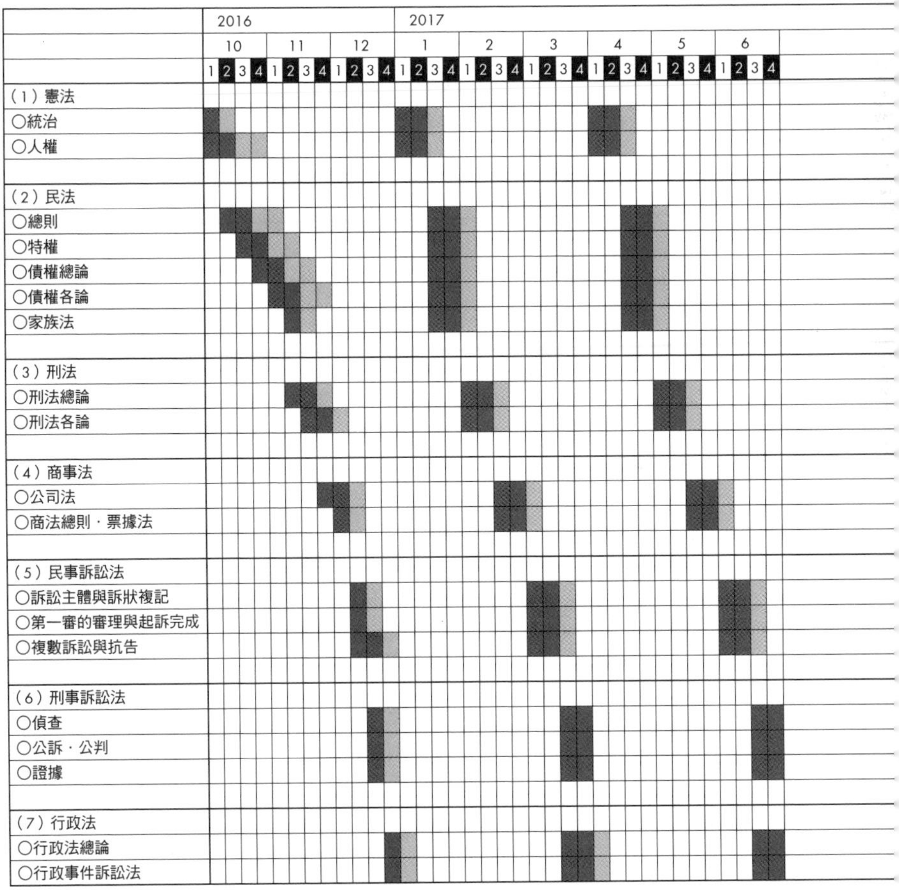

課程特色②力求加快學習循環

一般的補習班，向來得花一年以上的時間才能上完所有科目。不過，由於部分內容得掌握全貌後才能理解，而且有些知識得對照其他科目才能融會貫通，因此**必須盡快完成第一次的循環**。

在「資格square實體班」，我們以快則三個月，慢則六個月的超短期間為原則，盡快完成第一次的循環，為日後的突飛猛進打好穩固的基礎。

課程特色③壓縮複習間隔時間

第一次的循環快則三個月，慢則六個月，不過從第二次循環起，則依照一個半月、一個月、兩週的順序，漸漸縮短期間。像這樣壓縮前後複習的間隔時間，藉此讓知識更加穩固。

藉人工智慧徹底克服弱點

我們會藉由「上榜者學習法×ＩＴ（資訊科技）」，將高效學習法普及化，架構出任何人都能通過考試的體制。

就學習順序來說，通常是先把講義熟讀一次後，再練習答題。**有種名為腦科學學習的高效答題練習系統，系統中網羅了預試的簡答式考古題，同時利用人工智慧，優先列出重要性較高的題目，以及自己曾經答錯的題目，**而「資格square實體班」也同樣採用這個系統。

上榜者學習法的共通點，就是「練習題目的篩選」。首先，切勿遺漏大家都會的重要題目。司法特考屬於相對評比的考試，凡是競爭對手答得出來的題目，自己也得會答。

其次，務必優先解決自己沒把握的部分。把實力從零分提高到八十分，和從八十分提高到一百分，所花的力氣幾乎一模一樣。隨著實力的提升，要是想更上層樓，通常得付出大量的心力。

腦科學學習正納入了這些上榜者學習法。運用腦科學學習反覆練習答題，將能避免遺漏重要知識，進而能以最短時間、最快速度金榜題名。

學習過程中產生疑問時，可利用線上諮詢進行發問。法律是號稱「沒有標準答案的學問」，如果認真起來，也有可能陷入漫無止境的討論。「資格square實體班」中專門提供司法特考對策的工作人員，通常會從通過預試的觀點，回答各位的問題。

發問的時候，必須明確具體地以書面方式寫出**哪裡不懂、不懂什麼**。

透過書面化作業，不僅能**針對自己的疑問加以歸納整理**，也能讓自己具備足以應付申論式考題的寫作能力。

每週測驗一次，藉此落實定期釋出

透過每週進行一次的特訓測驗，讓學生擁有定期釋出的機會，同時能掌握自己的程度落點，配合上榜目標，進行學習法的調整。

有關簡答式考題的因應對策，我們通常會進行**出題範圍以預試考古題為主**的「總複習測驗」。如此一來，不僅能讓學生掌握自己的程度落點，還能釐清成績進步的狀況。

總複習測驗的題型，與預試考題相同。實際考試的正解率約八成左右。

透過總複習測驗，學生將一邊重視每天的複習，一邊以考出超越錄取分數的成績為目標，孜孜不倦地用功學習。

總複習測驗的結果，能以「進度．成績管理機能」加以確認。由於結果清晰可見，學生可藉此理解自己和錄取標準的落差及學習進度，持續掌握自身程度落點直到上榜為止。

此外，對於頭一次參加考試的人而言，感覺難度極高的就是申論式考題。在「資格square實體班」，我們會透過金榜題名者的經驗談，協助學生培養「申論寫作」的能力。

所謂申論式考題，就是針對長篇案例，以法律論文作答的試題。如果一開始就遇上長篇案例試題，恐怕很多人會感到**手足無措，進而決定放棄**，因此「資格square實體班」通常採用漸進的方式，讓學生慢慢學會如何申論寫作。

具體來說，就是先以死背的方式熟記關鍵字，接著再撰寫部分內容，最後才寫出整篇申論文章。

此外，當然也有直接以長篇案例題練習作答的方式，不過為了避免受挫，最好還是按部就班地培養申論寫作的能力比較好。

如此一來，大家便能學會如何分析案例試題，套用個別的論點，同時引用自己預先熟記的關鍵字進行作答，就此培養出申論寫作的能力。

除此之外，每隔兩週，我們還會舉辦一次個別指導研討課。這堂課是由司法特考錄取者主持，協助學生一邊確認學習的方向性，一邊和同伴共同以金榜題名為目標向前邁進。

平常能和司法特考錄取者互動交流的機會並不多，該怎麼做才能金榜題名？這樣的學習法是否恰當？為了替大家化解這些不安的「個別指導」非常重要。

此外，準備考試其實相當孤獨。不過，只要有同伴存在，就能振作努力、不想輸給對方。**為了讓動力維持於高峰狀態**，一路向金榜題名的目標挺進，「研討會」的效果相當卓越。將個別指導與研討會各自的優點加以整合的結果，就是「資格square實體班」的「個別指導研討課」。

個別指導研討課進行狀況。雖然準備考試相當孤獨，但只要有同伴存在，動力就能隨之提升。

第6章

為了能得心應手地持續
自學自習的七條守則

第一條 擬定讀書計畫時，「細切化」和「有點逞強」十分重要

一旦養成「輸癖」，將完全無法接近金榜題名

針對考試落榜的原因，有人認為是「讀書計畫不妥」。其實這些人落榜的原因，大多不在於「讀書計畫」，而是「自我管理能力欠佳」。如果不能停止對自己的寬容，就算訂好讀書計畫也是枉然。落榜的原因，就是「單純沒念書而已」。

所謂計畫，完全是為了「達成最終目標」而擬定，此乃理所當然之事。

一般而言，最終目標往往十分遙遠，目前還無法預見實現的光景，因此必須針對**每天該做些什麼**，明確敲定行動內容。

基於此故，必須藉由擬定「計畫」，**安排每天的行動方針**。有關計畫念書，坊間提倡的方法很多，不過比起「要做什麼？」、「什麼時候做？」，其實「要計畫到什麼程度？」更加重要。本書將針對這個部分詳細說明。

重點為以下兩點：

①計畫要「細切化」

②「有點逞強」地進行規劃

最後應以時為單位擬定計畫

首先，擬定計畫時，必須盡可能「細切化」。每當我為了應付考試而念書時，一定會事先決定好當「天」要念什麼，才開始念書。說得更具體一些，我總是把「日」做更進一步的細分，再以此擬定計畫。比方說「十點開始念書，念到十二點結束」。

擬定讀書計畫的效果之一，就是讓自己感覺時間壓力，不過如果以「日」為單位，恐怕力道太弱，因為腦中往往會閃過「延後處理的念頭」。例如下午無法專心念書的話，便心想「晚上再念就行了」。

若問該怎麼做才能讓壓力更大，看來只能把時間更加細分化。比如，規定自己「晚上六點以前寫完這個部分的考古題」，藉此將能更緊迫地對自己施壓。

由於正式考試時，答題時間有限，壓力以秒為單位進逼，因此平時便在這種**壓力意識下念書的話**，不僅是上上之策，還能累積小小的成就感，讓自己因為「完成種種任務」而深感自豪。

雖然我認為這些讀書法為「理所當然」，但當我展開證照考試相關事業，和各考生有所交流後，我才發現無法力行的人，竟然多到令我意外。他們甚至連以「日」為單位的讀書計畫，都沒有確實擬定出來。

常見的情形例如「這個月內就念到這裡吧」，含糊籠統地訂定「寬鬆」的目標，而每天念書時，則變成「今天就念到這裡吧」。由於計畫本身十分「寬鬆」，因此根本搞不清楚每天的讀書計畫達成與否，也沒有任何壓力感。

雖然到了考前終於倍感壓力地驚覺「糟糕！距離考試只剩〇天！」不過一切為時已晚。

凡是人都屬於脆弱的動物，正因為如此，才要把讀書計畫安排至「時別」的程度，而不只是「日別」而已，好讓自己的每一天真正倍感壓力。

進度的安排原則為「切勿拿捏得剛剛好」

除此之外，擬定日別讀書計畫時，重點為「有點逞強」。青春期時，自己的朋友當中，是否有人其實根本沒有女朋友，但卻故意宣稱「我交到女朋友了」？擬定計畫時的心態，就是要和當時逞強宣稱「有女朋友」的友人一樣。請「稍微逞強」，嘗試達到稍高一點的目標。

如此一來，將會**產生不可思議的幹勁**。這時候的重點是「一點」逞強，而非「不顧一切」。要是「不顧一切」地逞強，恐怕會讓自己傷痕累累，進而重挫計畫，一切回歸平淡，最後還養成「輸癖」。

當我擬定每天的讀書計畫時，我總是要求自己**念書時間切勿拿捏得剛剛好**。舉例而言，司法特考臨考前，我每天至少念了十二小時，不過我為自己安排的進度量，則是得花十三到十四小時才能念完。

一天二十四小時為不變的定律，就算單純想延長念書時間，也有所極限。基於此故，自己便會利用搭車、等車、泡澡、從住家附近車站返家途中等各種空檔時間猛讀，或是少量多餐地攝取營養，以避免午餐後發睏，專注力下滑，總之就是「費盡心思」地設法完成既定的任務。

只要把讀書計畫安排到以時為單位的程度，同時「有點逞強」地念書的話，自然能培養出自己的實力。

第二條 筆記無須寫得太整齊

前不久，太田文小姐的著作《考上第一志願的筆記本：東大合格生筆記大公開》（聯經出版公司）風靡一時。隨後，「方格筆記本」和運用這種筆記本的工具書也如雨後春筍般地出版問世。我深深感覺大家對於「筆記要寫得很整齊」，似乎內心存在強烈的執著。

然而，坦白說，其實這份「執著」根本毫無意義。該如何寫出整齊易讀的筆記呢？如果你正在思考這件事，表示你也**完全不了解筆記的用途**。

憑良心說，我從未遇過堅持筆記得寫得很整齊的東大生。此外，在我國、高中就讀的開成中學裡，筆記潦草零亂的人比比皆是。我甚至考慮過如果繼前述太田文小姐的著作，另外出版一本《東大合格生最多的開成中學生的筆記實在很亂》，搞不好會大賣。

如果事後翻閱自己寫的筆記卻看不懂，這樣的程度可謂病入膏肓，但筆記寫得十分整齊易讀，一樣屬於病情嚴重。

究竟問題何在？在此為大家詳細說明如下。

首先所謂「筆記很整齊」，當中具有兩個意涵。一個是「有大量資訊整理記載其中」，另一個則是「單純只是字跡端正」。這兩個意涵其實都毫無意義可言。

話說回來，準備考試時所寫的筆記，究竟用途何在？如果此刻腦中浮現的答案是「為了整理念過的內容」、「為了歸納學習的內容」，這樣的人完全不合格，他們徹底誤解了筆記的用途。

準備考試時，手邊必有教科書、講義、重點整理等教材，做為灌注知識的讀書工具之用。而且，**必須灌注的資訊，全都充分整理記載於這些教材之中**。資訊的整理和歸納，全權委託給專家去處理就行了。

整齊的筆記不過是列出資訊而已

針對前文第二種意涵「字跡端正的筆記」，如果對照目的來看，大家就能明白為何毫無意義吧。證照考試的授課現場，經常出現把黑板內容整齊地照抄下來的人，然而，寫筆記不是抄經。如果立志當和尚就另當別論，不過要是目標為通過考試，那力氣真是用錯地方了。

那麼，究竟該如何運用筆記才是明智之舉呢？以我個人為例，我念書的時候，一向把筆記視為「只針對」必須記憶理解的內容，做「輔助性」記錄的物品。反言之，凡是無須記憶理解的內容，便不能寫在筆記上。

整齊寫著大量資訊的筆記，結果只是近似**教科書、講義、重點摘要的照抄版**。寫出這種筆記的人，其實大部分的狀況都是無法掌握理解知識的全貌。他們並沒有「網羅」必要資訊，而只是「未做取捨篩選」。

此外，**最不應該做的事，就是影印整齊的筆記**。影印沒搞懂內容的人所寫的筆記，你絕不可能懂。雖然情急時沒魚蝦也好，但唯獨整齊的筆記不值得仰賴。

話雖如此，其實當我還是學生時，每逢考前，我也會蠢到把寫得很整齊

（資訊豐富且字跡端正）的筆記借來影印。這樣的筆記，在考前總是顯得相當可靠。

不過，由於筆記的內容完全沒有經過資訊的取捨篩選，因此念起來其實非常沒有效率。我還記得自己曾向某人借筆記來影印，結果事後大感後悔：「幹嘛借這傢伙的筆記啊！」

真正值得仰賴的是，自己做的「補釘筆記」

說到這裡，可能有人會嗆聲：「不然把你的筆記拿出來瞧瞧啊！應該也寫得還算整齊吧？」

關於我的筆記，我很想對各位說：「如果你們看得懂，就拿去看吧。」

我向來念了講義或教科書後，只挑出「不易熟記的部分」，寫在自己的筆記本上。重點在於「不易熟記的部分」，而非「不懂的部分」。

畢竟是念了充分彙整歸納的講義或教科書後，也「無法理解」的部分，因此就算把同樣內容寫在筆記本上，也不可能就此理解，抄寫這樣的筆記，根本毫無意義。換句話說，這只是個完全屬於照抄的無謂動作。

以我個人為例，假設教科書有三百頁，那麼我頂多寫相當十到十五頁的筆記。由於筆記的內容範圍很廣，又很零散瑣碎，因此在別人眼裡，這是相當支離破碎的筆記，不過卻能讓我**針對自己尚未記住的事項加以記錄**。對自己而言，複習這種「補釘筆記」，正是效率最佳的讀書法。

基於此故，只要自己看得懂，並沒有理由得寫得更加整齊，甚至就算寫得相當潦草零亂，也要盡量求快。對念書最重要的資源就是「時間」，絕不能浪費時間追求筆記字跡的美感。如果想寫出一手漂亮好字，應該去書法教室吧。

針對考試答案等，推測應該有人審閱的書面，我會寫得稍微整齊一些（基於時間的考量，所以也是做到「稍微」的程度就行了），不過自己的筆記字跡則相當潦草。別人看到我寫的字，肯定認為：「哎！這個人的筆記寫得真亂。」

另外還有一個重點，就是陸續增加的筆記，必須依序一一丟掉。

一旦理解筆記的內容後，便陸續丟掉吧

由於念書用的筆記，只是為了熟記、理解而寫，因此如果已消化吸收了自己所寫的內容，便應該依序一一丟掉。反言之，如果沒丟掉先前寫的筆記，不僅複習量永遠不會改變，而且已經記住的部分也會重複複習，白費力氣。

就算後來忘記被自己丟掉的筆記內容，反正重要的部分教科書裡都有，因此請務必丟掉自己已經記住的筆記。

筆記充其量不過是輔助念書的工具，更進一步來說，就是「根本無須在意筆記該怎麼寫，反正只是一種輔助而已」。請加強練習考古題，從中掌握重點，然後安排輕重緩急地研讀教材。

筆記頂多是種輔助工具，因此無須在意筆記的寫法。

下一頁是我的筆記照片。如前文所述，由於準備考試用的「筆記」已幾乎被我丟光，因此這張照片是我學英文時的「備忘錄」，和過去所寫的「筆記」相比，用途略有不同。無論哪一種，應該**都不是能讓人一目瞭然的內容就是了……**

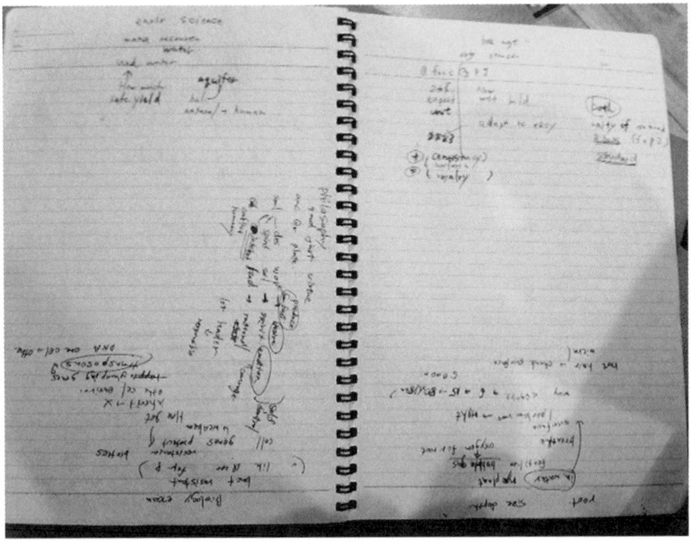

我的筆記，書寫時不分橫直。

第三條 根本沒有棘手領域，只是「用功不足」罷了

不要只想待在所謂拿手領域的「舒適圈」中

希望克服棘手領域的人應該不少吧？然而，如果情況是長期刻意對「棘手領域」置之不理，這單純只是「用功不足的領域」。這些人不過是打著「棘手」的名號，「逃避」研讀這個領域罷了。換句話說，他們或許只準備拿手領域，至於「棘手領域」則是極力迴避。

當我還是個考生的時候，也經常遇到這樣的人。由於擅長數學，因此只

猛念數學，而較不拿手的英文就放棄不念；由於擅長民事類法律，因此只猛念民法，刑法則擱置一旁。

其實這些人只是**讓自己逃離研讀棘手領域的壓力**罷了。換句話說，為了逃避不懂、比別人差的自卑情結和挫折感，他們一直躲在所謂「拿手領域」的「舒適圈」中。

準備考試的勝負結果全看總成績，性質與鑽研單一學問的學者工作截然不同，請大家先理解這一點。

集中投資於棘手領域的效率較佳

就我的看法，我認為所謂「棘手領域」，就是「成長空間較大的領域」。

如果對照我的經驗法則，把實力從零分提高到八十分，和從八十分提高到一百分，所花的力氣幾乎一模一樣。隨著實力的提升，要是想更上層樓，通常得付出大量的心力。

所謂「棘手」，就是指實力未達八十分，**時間成本效益較好**的狀況。把有限的時間積極投資於這個部分，為準備考試的常規。

今後請猛念棘手領域就好，千萬不要選擇將拿手領域的八十分提高到一百分一途，這樣只會讓自己離金榜題名愈來愈遠。

各位是否已經下定決心挑戰棘手領域了呢？針對如此積極進取的人，我想分享一下自己的棘手領域克服法。一開始，不妨先認知「棘手」包含以下三種層次：

① 完全知識不足

簡單來說，就是「搞不清楚什麼跟什麼」的狀態。例如即使看了題目，也不懂題目的意思。這種層次的人往往有個口頭禪：「那是什麼意思？」他們根本處於不懂基本用語的狀態。

② 雖然具備知識，但卻十分零碎片斷

這種人的狀態是雖然局部的知識多少具備一些，**不過由於彼此並未連結，因此只能靠死記硬背**。如果屬於這種層次，針對「請選出符合□的詞彙」等填空式的選擇題，他們姑且還會作答，但要是題目的難度更高，他們將招架不住。

這些人的口頭禪是：「似乎聽說過，不過究竟是什麼呢？」由於他們的知識全靠死記硬背，因此「一時忘記」恐怕也是個問題。

③雖然知識有某種程度的連結，但還不足以應付題目

這種人的知識雖然有某種程度的連結，但還不足以**因應考試題型**。例如明明是申述式考題，卻沒背到重要單字的定義，這時他們的口頭禪往往是：「啊——這題我會，可是該怎麼作答才好呢？」

以上各種棘手層次，都是因為沒有配合釋出的方式灌注知識使然。當層次為「那是什麼意思？」之時，首先唯一要做的事就是熟記基本事項。此時如何有效率地熟記，正是問題的癥結所在。

此外，其實多半的狀況，都屬於②雖然具備知識，但卻十分零碎片斷。基於此故，接著就為各位介紹一種在這樣的狀況下，能有效提高理解度的方法吧，那就是「留意視角」。

以「當事人視角」讀取試題

除了念書以外，平時我們也常用到視角一詞。例如，「高姿態視角」、「顧客視角」等。有時社群網站的文章中，也會出現這類吐槽字眼：「是誰的視角啊？」

根據「視角」，**對事情的看法、見解將截然不同**，因此才會這樣使用「視角」一詞。其實念書時也可透過留意「視角」，加深自己的理解。

以我個人為例，當我準備司法特考時，我對於民法完全沒把握。畢竟民法的涉及範圍極廣，而且各領域間的相關性又很強，因此我的棘手層次一直停留在即使具備零碎片斷的知識，一旦面對考題，依然無法應付。

如果是似曾相識的考題，我姑且還答得出來，但若為不曾見過的考題，則一敗塗地。換句話說，如果考題讓我覺得「這題曾經看過」，我還能應付，只是令我感到「那是什麼意思？」的情況，也是屢屢發生。這時的我，完全就是「使不上力」的狀態。

這種時候，就算考卷被拿去打分數，也會被寫上「答案的方向性過度離題，無法給分」的評語，雖然最後幾乎考成零分，不過還是得到一句顯然是用來安慰鼓勵我的一句話：「現在仍有機會補救。」一看到這句話，我更加沮喪了。

然而，在某個機會中，有位金榜題名的人告訴我：「民法很簡單啊，反正就只講『付錢』、『交貨』、『退貨』嘛！」這個建議對我來說，簡直就是一語驚醒夢中人。

總而言之，讀取考題時，不能漫不經心，而是要基於賣方或買方的「當事人視角」來讀。仔細想想，所謂民法，的確只講「付錢」、「交貨」、「退貨」（雖然當中也包含令人感到惆悵的「離婚」……）。

我發現不只是民法而已，其實所謂法律，充其量不過是以條文和判例構成理論，規範這些現實的要求該如何處理罷了。

像這樣**讓自己以當事人視角審視民法**的結果，轉瞬間我就會答題了。原本零碎片斷的知識變得彼此相連，令人得以理解，針對任何考題，我的答案再也不會過度離題了。

其實這樣的思維，凡是攸關人與人之間交易的範疇一律適用。

曾經是那般令我感到棘手的民法，都能因為如此**單純的概念而變得拿手**，因此絕不能推說是棘手科目，就輕言放棄。尤其是專業性較高的學問，更可能因為一點念頭就突然豁然開朗，所以不妨死纏爛打地堅持下去吧。

第四條
即使記憶力衰退，也能背得滾瓜爛熟。「南無妙法蓮華經」法與「化學元素週期表」法

一輩子無法逃避「熟記」這件事

人類的**記憶力，被認為會隨著年齡的增長而衰退**。一邊用手指著喉嚨，一邊說：「那個人是誰啊，他的名字已經到我這裡了。」這樣的光景實在令人難過。光說「那個人」不僅無法讓對方理解，而且實際上還是說不出那個人的名字，最後往往不禁脫口說出：「你知道我在說誰啦！」

能一概指名道姓地提起「那個人」的時期，就是一生中最燦爛輝煌的青春期。在學習方面，我想也有些人只需於定期測驗前專心用功一下，便能熟

記不少內容。但為什麼長大後的現在，變得無法和當時一樣？

原因之一，當然就是從生物學觀點來說，腦部退化了。就算退化程度不至於像運動能力那般，但隨著身體老化，記憶力也漸漸衰退。此外還有另一個原因，就是**出社會之後，花在熟記上的時間變少了**。

一旦成為社會人士，每天接觸的人數大幅增加。就算安排學習，畢竟還有其他工作所需的事物必須熟記，因此相較於腦容量全部用來念書的求學時期，當然變得難以熟記事物。

我個人也不例外，求學時期仗勢自己時間很多，於是靠「死記硬背」這招熟記了大量內容，不過大約從二十多歲後半段起，「那個人」開始頻繁出現，誇張一點的話，甚至陷入「那個時候，待在那裡的那個人，叫什麼名字呢？」的狀態。準備證照、入學考試時，也是類似的狀況。

為了避免「那個人」大量出現，應該怎麼做才好呢？

順帶一提，凡是認為「念書以理解為要，熟背為輔」的人，很遺憾，請退下。全面理解以方便熟記的確有其必要，不過事實上，有時也會遇到必須「死記硬背」一些重點的狀況，比如人名就是如此。到頭來，根本無法逃避「熟記」這件事。

「同時」運用五感進行熟記吧

那麼，接下來便介紹兩個記憶法，送給記憶力日益衰退的你。那就是「南無妙法蓮華經」法，以及「化學元素週期表」法。

首先說明「南無妙法蓮華經」法，就是以誦經的方式加以熟記。念書可從「看」、「聽」、「說」、「寫」四個方面著手進行。當中還可再分成二大類，「看」、「聽」屬於接收資訊的「灌注」，「說」、「寫」則屬於由自己散發資訊的「釋出」。

通常記憶被視為只有灌注的動作，但其實是藉由反覆進行灌注與釋出，才讓自己牢牢記住。年紀愈大，必須讓這個循環進行得更加快速，而且方式也要具備多元性。

之所以常有人說「背不起來」，全因他們只是**默默閱讀書本**，或是默默寫著筆記。

由於他們只反覆進行「看」或「寫」一種動作而已，因此效率奇差無比。如果要加快灌注與釋出的循環，兩者同時進行才有效率。

以我個人為例，每當我背英文單字的時候，我並非默讀單字卡，而是一邊翻著單字卡，一邊如誦經般地喃喃自語，比如「make 做」等。

這是同時進行「看」、「說」、「聽」的方式。如果這麼做依然背不起來的話，我還會一邊喃喃自語一邊做筆記，這就是「看」、「說」、「聽」、「寫」全部同時進行的方式。

如果在電車中喃喃自語，搞不好恍然回神，才發現唯獨自己四周沒半個人，不過偶而如此又有何妨？我非常建議大家**念書時如誦經一般地喃喃自語**。

第二種記憶法，名為「化學元素週期表」法。應該大部分的人都知道，背化學元素符號有口訣可用：「su-i-he-i-ri-be-bo-ku-no-hu-ne-na-na-maga-ri-shi-pu-su-ku-ra-ku-ca」（氫〔H〕、氦〔He〕、鋰〔Li〕、鈹〔Be〕、硼〔B〕、碳〔C〕、氮〔N〕、氧〔O〕、氟〔F〕、氖〔Ne〕、鈉〔Na〕、鎂〔Mg〕、鋁〔Al〕、矽〔Si〕、磷〔P〕、硫〔S〕、氯〔Cl〕、氬〔Ar〕、

鉀（K）、鈣（Ca））。

以日文平假名編成的口訣，根本語意不明，不過各所學校卻如常識般地教導學生。其實，這是效益極佳的記憶法。

口訣的優點是「壓縮記憶量」和「具象化」。如果依序背誦化學元素符號，必須熟記氫、氦、鋰……大量的內容，記憶量變得極為龐大。

要是多數事物都必須「死記硬背」，記憶的難度將變得很高。反觀如果把化學元素符號變成口訣，便能大幅縮減記憶量。

其次，如果把日文口訣的平假名轉換為漢字，將會出現「su-i-he-i水兵」、「na-na-maga-ri-shi-pu-su七曲船」等字眼，大家便能以此各自發揮「想像」。例如，海軍搭乘充滿謎團的「七曲船」等等。雖然想像有些牽強，但如此一來**將有助於把必須熟背的內容，轉換成與自己切身相關的概念，進而讓記憶變得更容易固著。**

口訣可以自己創造！

如上所述，為了力求「壓縮記憶量」和「具象化」，口訣極為有效。然而，大多數的人並非自己創造口訣，而是打算尋找既有的口訣。或許，大家認為創造口訣相當困難吧。

不過，其實**創造口訣**一點也不難。只要根據意思組合字首的一兩個字，然後加上適當的助詞，便能架構出自己熟知的單字。接著再連結幾個熟知的單字，進行「壓縮記憶量」和「具象化」。

在此舉個例子說明一下吧。為了熟背基於判例的「審查」定義，往往讓司法特考的考生吃盡苦頭。

「行政權成為主體，針對思想內容等表現物件，以全面或部分禁止該物件公開發表為目的，於公開發表前，網羅與對象物件相關的所有內容進行全面審查，凡被認定有失妥當的內容一律禁止公開發表，為此項審查業務的特點。」

類似這樣的內容，各位應該覺得沒辦法死記硬背吧？不過，只要取每個斷句的字首，縮短整段內容如下：「行政……針對……以全……於公……網羅……凡被……為此……」。

接著再把文字串起如下：

「行政針對以全於公，網羅凡被為此」。

如此一來，不僅記憶量變少，而且也比較容易具象化吧。至於要想像成什麼場景，全由你自己決定。

這時的必備要件，就是想像力。

針對兩種記憶法說明如上，不過無論是誦經還是口訣，重要的是**不怕丟臉、認真嘗試**。其實仔細想想，這種記憶法本身，不過是把求學時期也曾實踐過的方法，拿來加以運用罷了。然而，長大成人後，反而往往欠缺「恬不知恥的精神」。

一切都是為了通過考試。如果能心無多餘雜念，同時保有**宛如小飛俠彼得潘的赤子之心**，將可得到絕佳的讀書效率。請通過熟背的考驗，開闢邁向金榜題名的康莊大道。

第五條 如果要穩固記憶，就進行「具象化」吧

「理解」和「記憶」，哪個比較重要？

曾有人問我這個問題：針對考試來說，「理解」和「記憶」哪個比較重要？如果從結論來說，兩者一樣重要。就算問我：「理解和記憶，哪個比較重要？」畢竟兩者得相輔相成才能讓自己「考試得分」，因此我的基本立場，就是**不能二選一**。

準備考試時，大多數人比較不喜歡，或說是比較不擅長的，應該就是「記

憶」吧。針對「理解」感到喜獲知識的人應該很多，但因「記憶」而顯得開心的人，則是少之又少。然而，「理解」和「記憶」卻具有極為深刻的關聯性。

誠如各位所知，如果幾乎不「記憶」，考試絕不可能得到高分，因此「記憶」可謂考試的必備要素，然而透過「理解」，「記憶」的穩定度將可大幅提升。簡單來說，就是「不容易忘記」。

之所以如此，是因為一旦「理解」，便能把記憶對象加以「具象化」，而且只要「具象化」之後，**就不容易從腦中消失**。為了讓大家了解這一點，在此舉一個將小說具象化的例子。

無法消化吸收外國小說的原因

名叫「鈴木太郎」的小說虛擬人物，如果其小說被改編成電視劇，並由真實存在的知名演員扮演「鈴木太郎」，虛擬人物將變成具體可見的形體，讓人得以「理解」，並加以「具象化」。

如此一來，故事的內容便很容易隨之進入腦袋。就算沒有拍成影片，我想大家多半也是根據「鈴木」或「佐藤」等姓名、背景的設定，一邊自行「具象化」，一邊閱讀小說吧。

相對於此，日文翻譯版的外國小說之所以難以消化吸收，是因為光憑小說中的說明，難以針對「拉斯科尼科夫」（Raskolnikov，俄國名著《罪與罰》中男主角）、「貝拉·雷斯壯」（Bellatrix Lestrange，英國奇幻小說《哈利波特》中佛地魔黨羽）等人物，在腦袋中進行「具象化」。

一旦無法「具象化」，只好「死記硬背」出場人物，最後出場人物全部搞混，逼得自己一再回頭翻閱人物介紹那頁。我珍藏的小說《罪與罰》，唯獨人物介紹的頁面沾滿我的手漬。

以小說為例的話，當中的人物和故事，就如同考試範圍當中的「記憶」對象，而透過影像的具象化，則代表「理解」。藉由進行「理解」落實具象化，「記憶」將變得易於固著。

打個比方來說，通常英文考試的訴求重點並非專業知識，而是比較偏重英文單字和文法等「記憶」屬性的要素，不過儘管如此，仍能透過把**單字原本的意思**加以「具象化」，再「熟記」起來的方式，讓記憶變得一點也不容易忘記，而且還能運用自如。

在此舉一個我個人的例子。就讀高中時我曾在英文課堂上，被英文老師提問：「鬼頭，command是什麼意思？」當時，將單字本中的解釋「死記硬背」的我，自信滿滿地回答：「命令！」接著老師又進一步問道：「沒錯，那麼這句話的意思呢？He commands English。」結果我滿頭大汗，完全答不出來。這件往事，我至今仍記憶猶新。

「command」原來的意思是「操控」，根據文章前後的連貫性，分別被翻譯成「命令」、「率領」、「支配」等。大部分的單字本只挑選代表性的譯法，解釋成「命令」，但畢竟這並非原來的意思，所以無法靈活運用。然而，如果不在「操控」一詞上打轉，而是**想像「人或物得心應手地操作特定對象的情景」予以理解**的話，情況將有所不同。

「隱約」明白十分重要！

同樣的道理，比方說英文單字「on」，如果只理解成「——的上面」，將無法翻譯類似「It's on me」的文句，因此必須以原本的意思想像成「附著於某種物品上」，才能因應每次不同的內容，思考適當的譯法。

透過這種「原意具象化」的方式學習英文，不僅不容易忘記，而且就算遇上不同於過去翻譯的用法，也能「隱約」猜測應該是什麼意思。

這種能「隱約」**猜測的感覺，對考試來說十分重要**，而且一旦讓自己明白這樣的感覺「隱約」具有正面意涵，考試時便能進行猜選，或是毫無阻礙地閱讀文章，最後將考出優秀的成績。

雖然我引用英文為例，不過這個方法也適用於其他考試科目，請務必嘗試看看。

第六條 休息片刻並非浪費時間，但必須有所原則

休息片刻會降低動力

為了用功念書，休息片刻也是必要的。應該不少人有這種想法吧？就我的經驗看來，有這種想法的人，多半屬於「過度休息片刻」。「適度休息片刻」的概念和「過度休息片刻」截然不同，請務必注意。不消說，「過度休息片刻」**將無法確保念書時間**，甚至會降低動力。

打算休息片刻時，必須注意一點，那就是「念書的步調、動力是否會因

休息片刻而亂了套？」為了恰當地休息片刻，必須遵守以下兩個重點：

①擬定休息片刻的原則

②念書念到「剩一點」

在此依序說明如下。

念書的「休息片刻」＝游泳的「換氣」

念書的「休息片刻」和游泳的「換氣」其實一模一樣。游泳的時候，為什麼得換氣呢？沒錯，就是為了拉長游泳的距離。

如果是二十五公尺左右的短距泳程，或許無須換氣就能游完，這樣也能較快抵達終點。不過，要是距離長達一百公尺，則得進行「換氣」，而且，

在哪裡換氣也是一大重點。

念書也是一樣，如果目標是在下個月的考試，則屬於短兵相接，根本沒有閒情逸致「休息片刻」，理應一鼓作氣地全力衝刺。相對於此，若為一年後的考試，那就必須「休息片刻」。要是打從一開始便引擎全開，沒過多久就會筋疲力竭。

根據與考試相距的期間長短，換氣的方式也得隨之改變。首先請配合自己的狀況，思考看看「究竟有沒有休息片刻的必要？」

如果必須休息片刻，接下來的問題就是何時休息片刻（換氣）？最要不得的是權宜的心態。例如，「因為昨天很用功，所以今天就別念書了」、「因為今天很累了，所以就別念書了」等等。

身為社會人士的話，多半每天都會努力執行某些事、並且感到疲倦。如此一來，**念書一事便會一拖再拖，最後變成沒念**。各位是否覺得「耳朵很癢」？就是因為這種權宜的心態作祟，才會產生「過度休息片刻」的狀況。

重要的是，應該擬定明確的「休息片刻原則」。舉凡「因為累了就休息」、「因為用功過了就休息」等，缺乏數據依據且屬於人為主觀評定的原則並不適用，必須從客觀、定量的角度擬定原則。

以我個人為例，當我準備大學入學考和司法特考時，我都有擬定明確的原則，就是「星期天下午五點以後不念書」。星期天一到下午五點，無論我當時人在圖書館，還是自習室，我都會闔上書本，打道回府歇一會兒。

回到家裡，我往往會收看坐墊戰爭的《笑點》（日本電視台綜藝節目，當中包含搶答爭取坐墊的單元），以及國民人氣動畫《小丸子》、《蠑螺嫂》等。吃過飯後，我便去跑跑步，或到健身房做些肌力訓練。最後再洗個澡，然後一整晚盯著電視直看。

這就是我唯一的作息方式。

以上只是我個人的例子，如果是好酒之人，當然也能小酌一番，要是熱愛閱讀，那就看看書也無妨，重點在於必須針對「什麼時候不念書」，事先明確訂妥休息片刻的原則。

透過休息片刻的時間點十分明確，相信將能獲得一種效果，就是**在這個時間點之前，保證拚命念書**。

除此之外，在準備休息片刻之前，還有一個念書小撇步，那就是「剩一點」的鐵則。

通常「剩一點」將出現什麼場景呢？大學社團聚餐時，大家起哄要求再喝一口把酒乾掉；在家裡吃飯時，針對「最後一口菜」，大家面面相覷「誰把它吃掉啦」。然而，念書不可比照辦理。不能因為覺得浪費，就把剩下的部分全部清空。

我想表達的重點是什麼呢？就是最好在「還差一點就念完一個段落」之時闔上書本，之後接著念的時候，便無須再煩惱「該從哪裡開始念啊」，而且因為之前念的部分殘留著消化不良的感覺，所以**比較容易再翻開書本來念**。

念書時只要「剩一點」，便會感覺「啊！那個單元念到一半，那就先把它念完吧」，進而比較容易再度翻開書本念書。

休息片刻時，偶而需要安排「獎金日」

若問為什麼得這麼做，道理同於假期結束後的上班，畢竟休息片刻後的念書，往往令人覺得意興闌珊。念完一個完整的段落，接著要開始念新的範圍時，總是難以專注其中，結果不禁拿起手機……類似如此的可悲狀況通常難以迴避。

以我個人為例，其實我以前練習答題時，如果應該寫的單元有十題，只要寫完八題，我就會停手，休息片刻後再繼續作答。令人不可思議的是，如此一來，我的心態往往變成「啊！還有兩題得寫！」

雖然吃飯不能「剩一點」，但念書的「剩一點」，卻是讓自己能持續念書的鐵則。

根據以上所述，我想大家已經明白只要擬定明確的休息片刻原則，多花點心思於休息前的學習，便能有效率地休息片刻。順帶一提，至於我個人的休息片刻原則，除了「星期天下午五點以後不念書」之外，還有「當天有重大活動時，晚上六點以後不念書」。

具體來說，舉凡黃金週（日本四月底至五月初的連續假期）、過年，還有聖誕節等，要是在這些日子念書，自己和身旁的人們將顯得格格不入，因此建議大家每逢重大活動，不妨讓自己休息一下吧。

第七條 通過考試的人，有九成時間都在練習考古題

為了通過考試，我認為最重要的就是活用考古題。關於具體的方法，請參閱本人拙著《聰明的程度取決於「猜題技巧」》，在此則補充一些那本書沒寫到的部分，進一步介紹**考古題的活用方法**。

思考活用方法之前，首先必須理解究竟什麼是考古題。

我本身很愛唱ＫＴＶ，有時會和長輩、同事、朋友、學弟妹等各種對象一起光顧歡唱。每當這種時候，我經常感覺選曲傾向顯然因人而異。有些人總是偏好特定歌手的歌，也有些人偏好快歌、民謠等特定類型、曲風的歌曲。

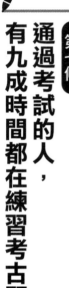

針對每個人的選曲，雖然有時也會驚覺：「咦？他也知道這類的歌曲嗎？」不過大部分的情況還是覺得：「沒錯，這個人就是喜歡這類的歌。」除此之外，如果和同一個人去唱ＫＴＶ，往往三次當中約有一次能聽到對方唱同一位歌手的同一首歌，這就是所謂的「招牌拿手歌」吧。

考題中通常會出現出題者的招牌拿手題

雖然和ＫＴＶ完全是兩碼子事，但其實**考古題中一樣有出題者的招牌拿手題**。這種傾向也見於大學入學考，不過社會人士報考的證照考試可說是尤其顯著。

證照考試的出題傾向經常偏於特定的領域，而且原則上每年的出題形式，都與考古題相同。

除此之外，藉由得知出題者的招牌拿手題，可在出題範圍中區分輕重緩急，讓考題「立體」呈現。換句話說，就是針對扁平的二次元出題範圍，可透過分析考古題產生層次，顯現應該當成念書重點的「範圍」，以及應該深入的「程度」。

一旦從出題範圍中浮現「這裡很重要！」的部分，接下來最好能**集中火力練習這個部分的考古題**。話說回來，為什麼採用這種做法比較好呢？

話題稍微扯遠。各位是否知道京都有間名為龍安寺的寺廟？那裡有座知名的石庭，當中擺放著十五塊石頭，不過無論從哪個位置觀看，都只能看到十四塊石頭，至今仍原因成謎（似乎只有一個位置，也就是從房間的正中央望去，就能盡覽十五塊石頭）。

關於這個現象的解釋眾說紛紜，但我擅自解釋為石庭蘊含的意義，就是雖然客觀的真相只有一個，不過隨著站立位置的不同，各自的看法便有所差異（這是出自我個人獨斷與偏見的解釋，請多多包涵）。

而根據這個「擅自的解釋」，也能比喻出題範圍和考古題的關係。所謂出題範圍，並不會隨考古題或考生的學習內容而改變，不過隨著出題者著重層面的不同，將呈現種種形式。如果說成考試只是把同樣的知識換種方式來出題，大家就比較容易理解吧。

藉由集中火力練習某個部分的考古題，將能針對一成不變的出題範圍，客觀地歸納掌握「重點篩選法」，應付來自於各種角度的出題。

此外，考古題不妨反覆練習作答吧。即使是頂尖的運動選手，也會不斷反覆地進行跑步、肌力訓練、動作練習等，讓自己更加精進熟練。千萬別認為運動和考試八竿子打不著關係，其實準備考試也是同樣的道理。藉由一再反覆練習，使自己更加熟悉題目，**讓所學知識能充分運用於考試之中。**

集中火力練習考古題，不要留下「殘餘」

此外，我本身於經營證照考試事業的過程中，曾和形形色色的考生互動交流，談話中我總有種感慨，就是「大家使用的考試工具太多了」。

其實準備考試就有如享用自助餐一般。要吃什麼東西（要念什麼書）是個人的自由，然而卻有時間的限制（距離考試的時間），以及腸胃容量的限制（自己分配的念書時間）。

因為貪心拿了太多，導致最後吃不下而留下「殘餘」，然後就此喊停……無論是自助餐還是準備考試，像這樣的狀況應該不算少見吧。

吃自助餐的話，只要說聲「肚子好撐，真難受」就算了，但如果是準備考試，則得再等一年，苦嚐不同意涵的「難受滋味」。在這樣的限制當中，應該做的事情就是只針對自認為「包準是這題」的考古題，**不斷反覆練習作答。**

雖然猜題失準就另當別論，不過只要一再反覆練習考古題，多半不會有錯。

舉凡中學入學考、大學入學考、司法特考，我以前準備這些考試時，一律把大量時間分配給考古題，不斷反覆練習作答。到了臨考前，我已經熟悉到只要看到題目的第一行，就知道這題出自於哪一次考試的第幾題。

如果舉辦考古題的百人一首（傳承自日本江戶時代的紙牌遊戲）競賽，我有絕對的自信能名列前茅。

國家圖書館出版品預行編目(CIP)資料

比上補習班更有效率的自學讀書法: 腦科學實證，司法特考一次過關菁英的自學自習讀書術/ 鬼頭政人著 ; 簡琪婷譯. -- 初版. -- 臺北市 : 商周出版 : 家庭傳媒城邦分公司發行, 民107.03
208面 ; 14.8*21公分. -- (ideaman ; 99)
譯自 : 開成→東大文1→弁護士が教える超独学術 : 結局、ひとりで勉強する人が合格する
ISBN 978-986-477-382-4(平裝)
1.考試 2.學習方法 3.讀書法
529.98　　106023851

BI7099

比上補習班更有效率的自學讀書法：

腦科學實證，司法特考一次過關菁英的自學自習讀書術

原著書名／開成→東大文I→弁護士が教える超独学術 結局、ひとりで勉強する人が合格する
原出版社／株式会社 幻冬舎
作者／鬼頭政人
譯者／簡琪婷
企劃選書／劉枚瑛
責任編輯／劉枚瑛

版權部／吳亭儀、翁靜如
行銷業務／闕睿甫、石一志
總編輯／何宜珍
總經理／彭之琬
發行人／何飛鵬
法律顧問／元禾法律事務所　王子文律師
出版／商周出版
臺北市中山區民生東路二段141號9樓
電話：(02) 2500-7008　傳真：(02) 2500-7579
E-mail：bwp.service@cite.com.tw
發行／英屬蓋曼群島商家庭傳媒股份有限公司城邦分公司
臺北市中山區民生東路二段141號2樓
讀者服務專線：0800-020-299　24小時傳真專線：(02)2517-0999
讀者服務信箱E-mail：cs@cite.com.tw
劃撥帳號／19833503　戶名：英屬蓋曼群島商家庭傳媒股份有限公司城邦分公司
訂購服務／書虫股份有限公司客服專線：(02)2500-7718；2500-7719
服務時間：週一至週五上午09:30-12:00；下午13:30-17:00
24小時傳真專線：(02)2500-1990；2500-1991
劃撥帳號：19863813　戶名：書虫股份有限公司
E-mail：service@readingclub.com.tw
香港發行所／城邦（香港）出版集團有限公司
香港灣仔駱克道193號東超商業中心1樓
電話：(852) 2508-6231　傳真：(852) 2578-9337
馬新發行所／城邦(馬新)出版集團
Cité (M) Sdn. Bhd. (458372U)
11, Jalan 30D/146, Desa Tasik, Sungai Besi, 57000 Kuala Lumpur, Malaysia.
電話：(603)9056 3833　傳真：(603)9056 2833
商周部落格：http://bwp25007008.pixnet.net/blog
行政院新聞局北市業字第913號

美術設計／簡至成
印刷／卡樂彩色製版印刷有限公司
經銷商／聯合發行股份有限公司
新北市231新店區寶橋路235巷6弄6號2樓
電話：(02)2917-8022 傳真：(02)2911-0053

■2018年（民107）02月05日初版
■2022年（民111）08月23日初版3刷
定價／300元

Printed in Taiwan
城邦讀書花園
www.cite.com.tw

ISBN 978-986-477-382-4

Idea man